TRANZLATY

El idioma es para todos

Jazyk je pro každého

El llamado de lo salvaje

Volání divočiny

Jack London

Español / Čeština

Published by Tranzlaty
ISBN: 978-1-80572-843-6
Original text by Jack London
The Call of the Wild
First published in 1903
www.tranzlaty.com

Hacia lo primitivo
Do primitivu

Buck no leía los periódicos.
Buck nečetl noviny.
Si hubiera leído los periódicos habría sabido que se avecinaban problemas.
Kdyby si přečetl noviny, věděl by, že se chystají problémy.
Hubo problemas, no sólo para él sino para todos los perros de la marea.
Neměl s tím potíže jen on sám, ale všichni psi z přílivu a odlivu.
Todo perro con músculos fuertes y pelo largo y cálido iba a estar en problemas.
Každý pes silný a svalnatý s teplou, dlouhou srstí bude mít problém.
Desde Puget Bay hasta San Diego ningún perro podía escapar de lo que se avecinaba.
Od Puget Bay po San Diego se žádný pes nemohl vyhnout tomu, co přicházelo.
Los hombres, a tientas en la oscuridad del Ártico, encontraron un metal amarillo.
Muži, tápající v arktické temnotě, našli žlutý kov.
Las compañías navieras y de transporte iban en busca del descubrimiento.
Parníky a dopravní společnosti se o objev usilovně snažily.
Miles de hombres se precipitaron hacia el norte.
Tisíce mužů se řítily do Severní země.
Estos hombres querían perros, y los perros que querían eran perros pesados.
Tito muži chtěli psy a psi, které chtěli, byli těžkooděnci.
Perros con músculos fuertes para trabajar.
Psi se silnými svaly, s nimiž se daří dřít.
Perros con abrigos peludos para protegerlos de las heladas.
Psi s chlupatou srstí, která je chrání před mrazem.

Buck vivía en una casa grande en el soleado valle de Santa Clara.

Buck žil ve velkém domě v sluncem zalitém údolí Santa Clara.

El lugar del juez Miller, se llamaba su casa.

Říkalo se mu dům soudce Millera.

Su casa estaba apartada de la carretera, medio oculta entre los árboles.

Jeho dům stál vzadu od silnice, napůl skrytý mezi stromy.

Se podían ver destellos de la amplia terraza que rodeaba la casa.

Bylo možné zahlédnout širokou verandu táhnoucí se kolem domu.

Se accedía a la casa mediante caminos de grava.

K domu se přibližovaly štěrkové příjezdové cesty.

Los caminos serpenteaban a través de amplios prados.

Cesty se vinuly rozlehlými trávníky.

Allá arriba se veían las ramas entrelazadas de altos álamos.

Nad hlavou se proplétaly větve vysokých topolů.

En la parte trasera de la casa las cosas eran aún más espaciosas.

V zadní části domu bylo ještě prostorněji.

Había grandes establos, donde una docena de mozos de cuadra charlaban.

Byly tam velké stáje, kde si povídalo tucet čeledí

Había hileras de casas de servicio cubiertas de enredaderas.

Byly tam řady vinnou révou pokrytých služebnických domků

Y había una interminable y ordenada serie de letrinas.

A byla tam nekonečná a uspořádaná řada hospodářských budov

Largos parrales, verdes pastos, huertos y campos de bayas.

Dlouhé vinice, zelené pastviny, sady a bobulové háje.

Luego estaba la planta de bombeo del pozo artesiano.

Pak tu byla čerpací stanice pro artézský vrt.

Y allí estaba el gran tanque de cemento lleno de agua.

A tam byla velká cementová nádrž naplněná vodou.

Aquí los muchachos del juez Miller dieron su chapuzón matutino.

Zde se chlapci soudce Millera ráno skočili do vody.

Y allí también se refrescaron en la calurosa tarde.

A také se tam v horkém odpoledni ochladili.

Y sobre este gran dominio, Buck era quien lo gobernaba todo.

A nad touto velkou doménou vládl Buck.

Buck nació en esta tierra y vivió aquí todos sus cuatro años.

Buck se narodil na této zemi a žil zde všechny své čtyři roky.

Efectivamente había otros perros, pero realmente no importaban.

Sice tam byli i jiní psi, ale ti vlastně nebyli důležití.

En un lugar tan vasto como éste se esperaban otros perros.

Na tak rozlehlém místě se očekávali i další psi.

Estos perros iban y venían, o vivían dentro de las concurridas perreras.

Tito psi přicházeli a odcházeli, nebo žili v rušných kotcích.

Algunos perros vivían escondidos en la casa, como Toots e Ysabel.

Někteří psi žili schovaní v domě, jako například Toots a Ysabel.

Toots era un pug japonés, Ysabel una perra mexicana sin pelo.

Toots byl japonský mops, Ysabel mexická naháč.

Estas extrañas criaturas rara vez salían de la casa.

Tito podivní tvorové jen zřídka vycházeli z domu.

No tocaron el suelo ni olieron el aire libre del exterior.

Nedotkli se země ani nečichali k čerstvému vzduchu venku.

También estaban los fox terriers, al menos veinte en número.

Byli tam také foxteriéři, nejméně dvacet.

Estos terriers le ladraron ferozmente a Toots y a Ysabel dentro de la casa.

Tito teriéři uvnitř zuřivě štěkali na Tootse a Ysabel.

Toots e Ysabel se quedaron detrás de las ventanas, a salvo de todo daño.

Toots a Ysabel zůstali za okny, v bezpečí před nebezpečím.

Estaban custodiados por criadas con escobas y trapeadores.

Hlídaly je služebné s košťaty a mopy.

Pero Buck no era un perro de casa ni tampoco de perrera.
Ale Buck nebyl žádný domácí pes a nebyl ani pes do psí boudy.
Toda la propiedad pertenecía a Buck como su legítimo reino.
Celý majetek patřil Buckovi jako jeho právoplatná říše.
Buck nadaba en el tanque o salía a cazar con los hijos del juez.
Buck plaval v nádrži nebo chodil lovit se soudcovými syny.
Caminaba con Mollie y Alice temprano o tarde.
Chodil s Mollie a Alicí v časných i pozdních hodinách.
En las noches frías yacía junto al fuego de la biblioteca con el juez.
Za chladných nocí ležel se soudcem u krbu v knihovně.
Buck llevaba a los nietos del juez en su fuerte espalda.
Buck vozil soudcovy vnuky na svém silném hřbetě.
Se revolcó en el césped con los niños, vigilándolos de cerca.
Válel se s chlapci v trávě a bedlivě je hlídal.
Se aventuraron hasta la fuente e incluso pasaron por los campos de bayas.
Vydali se k fontáně a dokonce i kolem jahodových polí.
Entre los fox terriers, Buck caminaba siempre con orgullo real.
Mezi foxteriéry se Buck vždycky procházel s královskou hrdostí.
Él ignoró a Toots y Ysabel, tratándolos como si fueran aire.
Ignoroval Tootse a Ysabel a choval se k nim, jako by byli vzduch.
Buck reinaba sobre todas las criaturas vivientes en la tierra del juez Miller.
Buck vládl všem živým tvorům na pozemku soudce Millera.
Él gobernaba a los animales, a los insectos, a los pájaros e incluso a los humanos.
Vládl nad zvířaty, hmyzem, ptáky a dokonce i lidmi.
El padre de Buck, Elmo, había sido un San Bernardo enorme y leal.
Buckův otec Elmo byl obrovský a věrný svatý Bernard.
Elmo nunca se apartó del lado del juez y le sirvió fielmente.

Elmo nikdy neopustil soudcovu stranu a věrně mu sloužil.

Buck parecía dispuesto a seguir el noble ejemplo de su padre.

Buck se zdál být připraven následovat ušlechtilý příklad svého otce.

Buck no era tan grande: pesaba ciento cuarenta libras.

Buck nebyl tak velký, vážil sto čtyřicet liber.

Su madre, Shep, había sido una excelente perra pastor escocesa.

Jeho matka, Shep, byla vynikající skotská ovčácká fena.

Pero incluso con ese peso, Buck caminaba con presencia majestuosa.

Ale i s tou váhou Buck kráčel s královskou důstojností.

Esto fue gracias a la buena comida y al respeto que siempre recibió.

To pramenilo z dobrého jídla a respektu, kterého se mu vždy dostávalo.

Durante cuatro años, Buck había vivido como un noble mimado.

Čtyři roky žil Buck jako rozmazlený šlechtic.

Estaba orgulloso de sí mismo y hasta era un poco egoísta.

Byl na sebe hrdý a dokonce i trochu egoistický.

Ese tipo de orgullo era común entre los señores de países remotos.

Takový druh hrdosti byl u odlehlých venkovských pánů běžný.

Pero Buck se salvó de convertirse en un perro doméstico mimado.

Ale Buck se zachránil před tím, aby se z něj stal rozmazlený domácí pes.

Se mantuvo delgado y fuerte gracias a la caza y el ejercicio.

Díky lovu a cvičení si udržel štíhlou a silnou postavu.

Amaba profundamente el agua, como la gente que se baña en lagos fríos.

Hluboce miloval vodu, jako lidé, kteří se koupou ve studených jezerech.

Este amor por el agua mantuvo a Buck fuerte y muy saludable.
Tato láska k vodě udržovala Bucka silného a velmi zdravého.
Éste era el perro en que se había convertido Buck en el otoño de 1897.
To byl pes, kterým se Buck stal na podzim roku 1897.
Cuando la huelga de Klondike arrastró a los hombres hacia el gélido Norte.
Když útok na Klondike stáhl muže na zamrzlý sever.
La gente acudió en masa desde todos los rincones del mundo hacia aquella tierra fría.
Lidé z celého světa se hrnuli do chladné země.
Buck, sin embargo, no leía los periódicos ni entendía las noticias.
Buck však nečetl noviny ani nerozuměl zprávám.
Él no sabía que Manuel era un mal hombre con quien estar.
Nevěděl, že Manuel je špatný člověk.
Manuel, que ayudaba en el jardín, tenía un problema profundo.
Manuel, který pomáhal na zahradě, měl velký problém.
Manuel era adicto al juego de la lotería china.
Manuel byl závislý na hazardních hrách v čínské loterii.
También creía firmemente en un sistema fijo para ganar.
Také silně věřil v pevný systém vítězství.
Esa creencia hizo que su fracaso fuera seguro e inevitable.
Tato víra činila jeho selhání jistým a nevyhnutelným.
Jugar con un sistema exige dinero, del que Manuel carecía.
Hraní systémem vyžaduje peníze, které Manuel postrádal.
Su salario apenas alcanzaba para mantener a su esposa y a sus numerosos hijos.
Jeho plat sotva stačil na to, aby uživil svou ženu a mnoho dětí.
La noche en que Manuel traicionó a Buck, las cosas estaban normales.
V noci, kdy Manuel zradil Bucka, bylo všechno normální.
El juez estaba en una reunión de la Asociación de Productores de Pasas.
Soudce byl na schůzi Asociace pěstitelů rozinek.

Los hijos del juez estaban entonces ocupados formando un club atlético.

Soudcovi synové tehdy pilně zakládali atletický klub.

Nadie vio a Manuel y Buck salir por el huerto.

Nikdo neviděl Manuela a Bucka odcházet sadem.

Buck pensó que esta caminata era simplemente un simple paseo nocturno.

Buck si myslel, že tahle procházka je jen obyčejná noční procházka.

Se encontraron con un solo hombre en la estación de la bandera, en College Park.

Na vlajkové stanici v College Parku potkali jen jednoho muže.

Ese hombre habló con Manuel y intercambiaron dinero.

Ten muž promluvil s Manuelem a vyměnili si peníze.

"Envuelva la mercancía antes de entregarla", sugirió.

„Zabalte zboží, než ho doručíte," navrhl.

La voz del hombre era áspera e impaciente mientras hablaba.

Mužův hlas byl, když mluvil, drsný a netrpělivý.

Manuel ató cuidadosamente una cuerda gruesa alrededor del cuello de Buck.

Manuel opatrně uvázal Buckovi kolem krku tlusté lano.

"Si retuerces la cuerda, lo estrangularás bastante"

„Otoč to lano a pořádně ho uškrtíš."

El extraño emitió un gruñido, demostrando que entendía bien.

Cizinec zabručel, čímž ukázal, že dobře rozumí.

Buck aceptó la cuerda con calma y tranquila dignidad ese día.

Buck toho dne přijal lano s klidem a tichou důstojností.

Fue un acto inusual, pero Buck confiaba en los hombres que conocía.

Byl to neobvyklý čin, ale Buck mužům, které znal, důvěřoval.

Él creía que su sabiduría iba mucho más allá de su propio pensamiento.

Věřil, že jejich moudrost daleko přesahuje jeho vlastní myšlení.

Pero entonces la cuerda fue entregada a manos del extraño.

Ale pak bylo lano podáno do rukou cizince.

Buck emitió un gruñido bajo que advertía con una amenaza silenciosa.

Buck tiše zavrčel, ale s tichou hrozbou.

Era orgulloso y autoritario y quería mostrar su descontento.

Byl hrdý a panovačný a chtěl dát najevo svou nelibost.

Buck creyó que su advertencia sería entendida como una orden.

Buck věřil, že jeho varování bude chápáno jako rozkaz.

Para su sorpresa, la cuerda se tensó rápidamente alrededor de su grueso cuello.

K jeho úžasu se lano kolem jeho tlustého krku rychle utáhlo.

Se quedó sin aire y comenzó a luchar con una furia repentina.

Nedostával se mu dech a v náhlém vzteku se začal bránit.

Saltó hacia el hombre, quien rápidamente se encontró con Buck en el aire.

Skočil na muže, který se ve vzduchu rychle setkal s Buckem.

El hombre agarró la garganta de Buck y lo retorció hábilmente en el aire.

Muž chytil Bucka za krk a dovedně s ním zkroutil ve vzduchu.

Buck fue arrojado al suelo con fuerza, cayendo de espaldas.

Buck byl tvrdě sražen k zemi a dopadl na záda.

La cuerda ahora lo estrangulaba cruelmente mientras él pateaba salvajemente.

Provaz ho teď krutě škrtil, zatímco divoce kopal.

Se le cayó la lengua, su pecho se agitó, pero no recuperó el aliento.

Vypadl mu jazyk, hruď se mu zvedla, ale nenadechl se.

Nunca había sido tratado con tanta violencia en su vida.

V životě s ním nikdo nezacházel s takovým násilím.

Tampoco nunca antes se había sentido tan lleno de furia.

Také ho nikdy předtím nezaplavil tak hluboký vztek.

Pero el poder de Buck se desvaneció y sus ojos se volvieron vidriosos.

Ale Buckova moc slábla a jeho oči se zakalily.

Se desmayó justo cuando un tren se detuvo cerca.

Omdlel právě ve chvíli, kdy poblíž zastavil vlak.

Luego los dos hombres lo arrojaron rápidamente al vagón de equipaje.

Pak ho oba muži rychle hodili do zavazadlového vozu.

Lo siguiente que sintió Buck fue dolor en su lengua hinchada.

Další věc, kterou Buck ucítil, byla bolest v oteklém jazyku.

Se desplazaba en un carro tambaleante, apenas consciente.

Pohyboval se v třesoucím se vozíku a byl jen matně při vědomí.

El agudo grito del silbato del tren le indicó a Buck su ubicación.

Ostré zapískání vlakové píšťalky prozradilo Buckovi, kde se nachází.

Había viajado muchas veces con el Juez y conocía esa sensación.

Často jezdil se Soudcem a znal ten pocit.

Fue una experiencia única viajar nuevamente en un vagón de equipajes.

Byl to zase ten jedinečný pocit cestování v zavazadlovém vagonu.

Buck abrió los ojos y su mirada ardía de rabia.

Buck otevřel oči a jeho pohled hořel vzteky.

Esta fue la ira de un rey orgulloso destronado.

To byl hněv pyšného krále, sesazeného z trůnu.

Un hombre intentó agarrarlo, pero Buck lo atacó primero.

Muž se natáhl, aby ho chytil, ale Buck ho místo toho udeřil první.

Hundió los dientes en la mano del hombre y la sujetó con fuerza.

Zaryl muži zuby do ruky a pevně ji držel.

No lo soltó hasta que se desmayó por segunda vez.

Nepustil ho, dokud podruhé neztratil vědomí.

—Sí, tiene ataques —murmuró el hombre al maletero.

„Jo, má záchvaty," zamumlal muž zavazadlovému doručovateli.

El maletero había oído la lucha y se acercó.

Zavazadlový doručovatel zaslechl zápas a přiblížil se.

"Lo llevaré a Frisco para el jefe", explicó el hombre.

„Vezmu ho do San Francisca kvůli šéfovi," vysvětlil muž.

"Allí hay un buen veterinario que dice poder curarlos".

„Je tam jeden skvělý psí doktor, který říká, že je dokáže vyléčit."

Más tarde esa noche, el hombre dio su propio relato completo.

Později té noci muž podal svou vlastní plnou zprávu.

Habló desde un cobertizo detrás de un salón en los muelles.

Mluvil z kůlny za saloonem na molu.

"Lo único que me dieron fueron cincuenta dólares", se quejó al tabernero.

„Dostal jsem jen padesát dolarů," stěžoval si majiteli saloonu.

"No lo volvería a hacer ni por mil dólares en efectivo".

„Už bych to neudělal, ani za tisícovku v hotovosti."

Su mano derecha estaba fuertemente envuelta en un paño ensangrentado.

Pravou ruku měl pevně omotanou krvavou látkou.

La pernera de su pantalón estaba abierta de par en par desde la rodilla hasta el pie.

Jeho nohavice byla roztrhaná od kolena až k patě.

—¿Cuánto le pagaron al otro tipo? —preguntó el tabernero.

„Kolik dostal ten druhý blbec?" zeptal se prodavač v saloonu.

"Cien", respondió el hombre, "no aceptaría ni un centavo menos".

„Sto," odpověděl muž, „nevzal by ani o cent méně."

—Eso suma ciento cincuenta —dijo el tabernero.

„To je sto padesát," řekl prodavač v saloonu.

"Y él lo vale todo, o no soy más que un idiota".

„A on za to všechno stojí, jinak nejsem o nic lepší než hlupák."

El hombre abrió los envoltorios para examinar su mano.

Muž otevřel obaly, aby si prohlédl ruku.

La mano estaba gravemente desgarrada y cubierta de sangre seca.

Ruka byla těžce potrhaná a pokrytá zaschlou krví.

"Si no consigo la hidrofobia…" empezó a decir.

„Jestli nedostanu hydrofobii…" začal říkat.

"Será porque naciste para la horca", dijo entre risas.

„To bude tím, že ses narodil pro věšení," ozval se smích.

"Ven a ayudarme antes de irte", le pidieron.

„Pojď mi pomoct, než půjdeš," požádali ho.

Buck estaba aturdido por el dolor en la lengua y la garganta.

Buck byl omámený bolestí v jazyku a krku.

Estaba medio estrangulado y apenas podía mantenerse en pie.

Byl napůl uškrcený a sotva se udržel na nohou.

Aún así, Buck intentó enfrentar a los hombres que lo habían lastimado.

Buck se přesto snažil čelit mužům, kteří mu tolik ublížili.

Pero lo derribaron y lo estrangularon una vez más.

Ale oni ho shodili na zem a znovu ho uškrtili.

Sólo entonces pudieron quitarle el pesado collar de bronce.

Teprve potom mu mohli uříznout těžký mosazný obojek.

Le quitaron la cuerda y lo metieron en una caja.

Sundali lano a strčili ho do bedny.

La caja era pequeña y tenía la forma de una tosca jaula de hierro.

Bedna byla malá a tvarem připomínala hrubou železnou klec.

Buck permaneció allí toda la noche, lleno de ira y orgullo herido.

Buck tam ležel celou noc, plný hněvu a zraněné hrdosti.

No podía ni siquiera empezar a comprender lo que le estaba pasando.

Nemohl ani začít chápat, co se s ním děje.

¿Por qué estos hombres extraños lo mantenían en esa pequeña caja?

Proč ho tihle podivní muži drželi v téhle malé kleci?

¿Qué querían de él y por qué este cruel cautiverio?

Co s ním chtěli a proč toto kruté zajetí?

Sintió una presión oscura; una sensación de desastre que se acercaba.

Cítil temný tlak; pocit blížící se katastrofy.

Era un miedo vago, pero que se apoderó pesadamente de su espíritu.
Byl to neurčitý strach, ale těžce ho zasáhl.
Saltó varias veces cuando la puerta del cobertizo vibró.
Několikrát vyskočil, když zarachotily dveře kůlny.
Esperaba que el juez o los muchachos aparecieran y lo rescataran.
Čekal, že se objeví soudce nebo chlapci a zachrání ho.
Pero cada vez sólo se asomaba el rostro gordo del tabernero.
Ale dovnitř pokaždé nakoukl jen tlustý obličej majitele saloonu.
El rostro del hombre estaba iluminado por el tenue resplandor de una vela de sebo.
Mužovu tvář osvětlovala slabá záře lojové svíčky.
Cada vez, el alegre ladrido de Buck cambiaba a un gruñido bajo y enojado.
Pokaždé se Buckovo radostné štěkání změnilo v tiché, rozzlobené vrčení.

El tabernero lo dejó solo durante la noche en el cajón.
Hostinský ho nechal na noc samotného v kleci
Pero cuando se despertó por la mañana, venían más hombres.
Ale když se ráno probudil, přicházeli další muži.
Llegaron cuatro hombres y recogieron la caja con cuidado y sin decir palabra.
Přišli čtyři muži a beze slova opatrně zvedli bednu.
Buck supo de inmediato en qué situación se encontraba.
Buck si okamžitě uvědomil, v jaké situaci se nachází.
Eran otros torturadores contra los que tenía que luchar y a los que tenía que temer.
Byli to další mučitelé, s nimiž musel bojovat a kterých se bát.
Estos hombres parecían malvados, andrajosos y muy mal arreglados.
Tito muži vypadali zle, otrhaně a velmi špatně upraveně.
Buck gruñó y se abalanzó sobre ellos ferozmente a través de los barrotes.

Buck zavrčel a zuřivě se na ně vrhl skrz mříže.

Ellos simplemente se rieron y lo golpearon con largos palos de madera.

Jen se smáli a píchali do něj dlouhými dřevěnými holemi.

Buck mordió los palos y luego se dio cuenta de que eso era lo que les gustaba.

Buck se zakousl do klacíků a pak si uvědomil, že tohle mají rádi.

Así que se quedó acostado en silencio, hosco y ardiendo de rabia silenciosa.

Tak si tiše lehl, zachmuřený a hořící tichým vztekem.

Subieron la caja y un carro y se fueron con él.

Naložili bednu do vozu a odvezli s ním pryč.

La caja, con Buck encerrado dentro, cambiaba de manos a menudo.

Bedna s Buckem zamčeným uvnitř často měnila majitele.

Los empleados de la oficina exprés se hicieron cargo de él y lo atendieron brevemente.

Úředníci expresní kanceláře se ujali řízení a krátce se s ním vypořádali.

Luego, otro carro transportó a Buck a través de la ruidosa ciudad.

Pak další vůz vezl Bucka přes hlučné město.

Un camión lo llevó con cajas y paquetes a un ferry.

Nákladní auto ho s krabicemi a balíky odvezlo na trajekt.

Después de cruzar, el camión lo descargó en una estación ferroviaria.

Po překročení hranice ho nákladní vůz vyložil v železniční stanici.

Finalmente, colocaron a Buck dentro de un vagón expreso que lo esperaba.

Konečně Bucka umístili do čekajícího rychlíku.

Durante dos días y dos noches, los trenes arrastraron el vagón expreso.

Dva dny a noci vlaky odtahovaly rychlík.

Buck no comió ni bebió durante todo el doloroso viaje.

Buck během celé bolestivé cesty nejedl ani nepil.

Cuando los mensajeros expresos intentaron acercarse a él, gruñó.

Když se k němu kurýři pokusili přiblížit, zavrčel.

Ellos respondieron burlándose de él y molestándolo cruelmente.

Reagovali tím, že se mu posmívali a krutě si z něj utahovali.

Buck se arrojó contra los barrotes, echando espuma y temblando.

Buck se vrhl k mřížím, pěnil a třásl se

Se rieron a carcajadas y se burlaron de él como matones del patio de la escuela.

hlasitě se smáli a posmívali se mu jako školní tyrani.

Ladraban como perros de caza y agitaban los brazos.

Štěkali jako falešní psi a mávali rukama.

Incluso cantaron como gallos sólo para molestarlo más.

Dokonce kokrhali jako kohouti, jen aby ho ještě víc rozrušili.

Fue un comportamiento tonto y Buck sabía que era ridículo.

Bylo to hloupé chování a Buck věděl, že je to absurdní.

Pero eso sólo profundizó su sentimiento de indignación y vergüenza.

To ale jen prohloubilo jeho pocit rozhořčení a studu.

Durante el viaje no le molestó mucho el hambre.

Během cesty ho hlad moc netrápil.

Pero la sed traía consigo un dolor agudo y un sufrimiento insoportable.

Ale žízeň přinášela ostrou bolest a nesnesitelné utrpení.

Su garganta y lengua secas e inflamadas ardían de calor.

Suché, zanícené hrdlo a jazyk ho pálily horkem.

Este dolor alimentó la fiebre que crecía dentro de su orgulloso cuerpo.

Tato bolest živila horečku, která stoupala v jeho pyšném těle.

Buck estuvo agradecido por una sola cosa durante esta prueba.

Buck byl během této zkoušky vděčný za jednu jedinou věc.

Le habían quitado la cuerda que le rodeaba el grueso cuello.

Provaz mu byl sundán z tlustého krku.

La cuerda había dado a esos hombres una ventaja injusta y cruel.

Lano poskytlo těm mužům nespravedlivou a krutou výhodu.

Ahora la cuerda había desaparecido y Buck juró que nunca volvería.

Teď bylo lano pryč a Buck přísahal, že se už nikdy nevrátí.

Decidió que nunca más volvería a pasarle una cuerda al cuello.

Rozhodl se, že si už nikdy nebude moci uvázat žádné lano kolem krku.

Durante dos largos días y noches sufrió sin comer.

Dva dlouhé dny a noci trpěl bez jídla.

Y en esas horas se fue acumulando en su interior una rabia enorme.

A v těch hodinách v sobě nashromáždil obrovský vztek.

Sus ojos se volvieron inyectados en sangre y salvajes por la ira constante.

Oči měl podlité krví a divoké neustálým hněvem.

Ya no era Buck, sino un demonio con mandíbulas chasqueantes.

Už to nebyl Buck, ale démon s cvakajícími čelistmi.

Ni siquiera el juez habría reconocido a esta loca criatura.

Ani Soudce by toho šíleného tvora nepoznal.

Los mensajeros exprés suspiraron aliviados cuando llegaron a Seattle.

Poslové si s úlevou povzdechli, když dorazili do Seattlu

Cuatro hombres levantaron la caja y la llevaron a un patio trasero.

Čtyři muži zvedli bednu a odnesli ji na dvůr.

El patio era pequeño, rodeado de muros altos y sólidos.

Dvůr byl malý, obehnaný vysokými a pevnými zdmi.

Un hombre corpulento salió con una camisa roja holgada.

Vyšel z něj velký muž v ochablém červeném svetru.

Firmó el libro de entrega con letra gruesa y atrevida.

Podepsal dodací knihu tlustým a tučným písmem.

Buck sintió de inmediato que este hombre era su próximo torturador.

Buck okamžitě vycítil, že tento muž je jeho dalším mučitelem.

Se abalanzó violentamente contra los barrotes, con los ojos rojos de furia.

Prudce se vrhl na mříže, oči zarudlé vzteky.

El hombre simplemente sonrió oscuramente y fue a buscar un hacha.

Muž se jen temně usmál a šel si pro sekerku.

También traía un garrote en su gruesa y fuerte mano derecha.

Také si přinesl kyj ve své silné a silné pravé ruce.

"¿Vas a sacarlo ahora?" preguntó preocupado el conductor.

„Vy ho teď vezmete ven?" zeptal se řidič znepokojeně.

—Claro —dijo el hombre, metiendo el hacha en la caja a modo de palanca.

„Jasně," řekl muž a zapíchl sekerku do bedny jako páku.

Los cuatro hombres se dispersaron instantáneamente y saltaron al muro del patio.

Čtyři muži se okamžitě rozprchli a vyskočili na zeď dvora.

Desde sus lugares seguros arriba, esperaban para observar el espectáculo.

Ze svých bezpečných míst nahoře čekali, až budou moci sledovat podívanou.

Buck se abalanzó sobre la madera astillada, mordiéndola y sacudiéndola ferozmente.

Buck se vrhl na roztříštěné dřevo, kousal a prudce se třásl.

Cada vez que el hacha golpeaba la jaula, Buck estaba allí para atacarla.

Pokaždé, když sekera zasáhla klec, Buck tam byl, aby na ni zaútočil.

Gruñó y chasqueó los dientes con furia salvaje, ansioso por ser liberado.

Vrčel a štěkal divokým vztekem, dychtivý po osvobození.

El hombre que estaba afuera estaba tranquilo y firme, concentrado en su tarea.

Muž venku byl klidný a vyrovnaný, soustředěný na svůj úkol.

"Muy bien, demonio de ojos rojos", dijo cuando el agujero fue grande.

„Tak dobře, ty rudokoučký ďáble," řekl, když se díra zvětšila.

Dejó caer el hacha y tomó el garrote con su mano derecha.

Odhodil sekerku a vzal kyj do pravé ruky.

Buck realmente parecía un demonio; con los ojos inyectados en sangre y llameantes.

Buck vypadal opravdu jako ďábel; oči podlité krví a planoucí.

Su pelaje se erizó, le salía espuma por la boca y sus ojos brillaban.

Srst se mu ježila, u úst se mu pěnila pěna a oči se mu leskly.

Tensó los músculos y se lanzó directamente hacia el suéter rojo.

Napjal svaly a vrhl se přímo na červený svetr.

Ciento cuarenta libras de furia volaron hacia el hombre tranquilo.

Na klidného muže vystřelilo sto čtyřicet liber zuřivosti.

Justo antes de que sus mandíbulas se cerraran, un golpe terrible lo golpeó.

Těsně předtím, než se mu čelisti sevřely, ho zasáhla strašlivá rána.

Sus dientes chasquearon al chocar contra nada más que el aire.

Jeho zuby cvakaly jen ve vzduchu

Una sacudida de dolor resonó a través de su cuerpo

jeho tělem projela vlna bolesti

Dio una vuelta en el aire y se estrelló sobre su espalda y su costado.

Ve vzduchu se převrátil a zřítil se na záda a bok.

Nunca antes había sentido el golpe de un garrote y no podía agarrarlo.

Nikdy předtím necítil úder kyjem a nedokázal ho uchopit.

Con un gruñido estridente, mitad ladrido, mitad grito, saltó de nuevo.

S pronikavým zavrčením, zčásti štěkotem, zčásti křikem, znovu skočil.

Otro golpe brutal lo alcanzó y lo arrojó al suelo.

Další brutální úder ho zasáhl a srazil ho k zemi.

Esta vez Buck lo entendió: era el pesado garrote del hombre.

Tentokrát Buck pochopil – byl to mužův těžký kyj.

Pero la rabia lo cegó y no pensó en retirarse.

Ale vztek ho oslepil a na ústup neměl ani pomyšlení.

Doce veces se lanzó y doce veces cayó.

Dvanáctkrát se vrhl a dvanáctkrát spadl.

El palo de madera lo golpeaba cada vez con una fuerza despiadada y aplastante.

Dřevěná kyj ho pokaždé rozdrtila nemilosrdnou, drtivou silou.

Después de un golpe feroz, se tambaleó hasta ponerse de pie, aturdido y lento.

Po jedné prudké ráně se omámený a pomalý potácel na nohy.

Le salía sangre de la boca, de la nariz y hasta de las orejas.

Krev mu tekla z úst, nosu a dokonce i z uší.

Su pelaje, otrora hermoso, estaba manchado de espuma sanguinolenta.

Jeho kdysi krásný kabát byl potřísněný krvavou pěnou.

Entonces el hombre se adelantó y le dio un golpe tremendo en la nariz.

Pak muž přistoupil a zasadil mu ošklivou ránu do nosu.

La agonía fue más aguda que cualquier cosa que Buck hubiera sentido jamás.

Bolest byla prudší než cokoli, co Buck kdy zažil.

Con un rugido más de bestia que de perro, saltó nuevamente para atacar.

S řevem, spíše zvířecím než psím, znovu skočil do útoku.

Pero el hombre se agarró la mandíbula inferior y la torció hacia atrás.

Ale muž ho chytil za spodní čelist a zkroutil ji dozadu.

Buck se dio una vuelta de cabeza y volvió a caer con fuerza.

Buck se převrátil přes uši a znovu tvrdě dopadl.

Una última vez, Buck cargó contra él, ahora apenas capaz de mantenerse en pie.

Buck se na něj naposledy vrhl, sotva se udržel na nohou.

El hombre atacó con una sincronización experta, dando el golpe final.

Muž udeřil s mistrem včas a zasadil poslední úder.

Buck se desplomó en un montón, inconsciente e inmóvil.

Buck se zhroutil na hromadu, v bezvědomí a bez hnutí.

"No es ningún inútil a la hora de domar perros, eso es lo que digo", gritó un hombre.

„V líčení psů není žádný frajer, to říkám já," zařval muž.

"Druther puede quebrar la voluntad de un perro cualquier día de la semana".

„Druther dokáže zlomit vůli psa kterýkoli den v týdnu."

"¡Y dos veces el domingo!" añadió el conductor.

„A dvakrát v neděli!" dodal řidič.

Se subió al carro y tiró de las riendas para partir.

Vylezl do vozu a šťouchl otěžemi, aby odešel.

Buck recuperó lentamente el control de su conciencia.

Buck pomalu znovu nabýval kontroly nad svým vědomím.

Pero su cuerpo todavía estaba demasiado débil y roto para moverse.

ale jeho tělo bylo stále příliš slabé a zlomené na to, aby se pohnul.

Se quedó donde había caído, observando al hombre del suéter rojo.

Ležel tam, kde padl, a pozoroval muže v červeném svetru.

"Responde al nombre de Buck", dijo el hombre, leyendo en voz alta.

„Reaguje na jméno Buck," řekl muž a četl nahlas.

Citó la nota enviada con la caja de Buck y los detalles.

Citoval ze vzkazu zaslaného s Buckovou bednou a s podrobnostmi.

—Bueno, Buck, muchacho —continuó el hombre con tono amistoso—.

„No, Bucku, chlapče," pokračoval muž přátelským tónem,

"Hemos tenido nuestra pequeña pelea y ahora todo ha terminado entre nosotros".

„Měli jsme naši malou hádku a teď je mezi námi konec."

"Tú has aprendido cuál es tu lugar y yo he aprendido cuál es el mío", añadió.

„Naučil ses, kde je tvé místo, a já jsem se naučil, kde je to moje," dodal.

"Sé bueno y todo irá bien y la vida será placentera".

„Buď hodný, všechno půjde dobře a život bude příjemný."

"Pero si te portas mal, te daré una paliza, ¿entiendes?"

„Ale buď zlý a já tě zmlátím, rozumíš?"

Mientras hablaba, extendió la mano y acarició la cabeza dolorida de Buck.

Zatímco mluvil, natáhl ruku a poplácal Bucka po bolavé hlavě.

El cabello de Buck se erizó ante el toque del hombre, pero no se resistió.

Buckovi se při mužově dotyku zježily vlasy, ale nekladl odpor.

El hombre le trajo agua, que Buck bebió a grandes tragos.

Muž mu přinesl vodu, kterou Buck pil velkými doušky.

Luego vino la carne cruda, que Buck devoró trozo a trozo.

Pak přišlo syrové maso, které Buck hltal kus po kusu.

Sabía que estaba derrotado, pero también sabía que no estaba roto.

Věděl, že je poražen, ale také věděl, že není zlomený.

No tenía ninguna posibilidad contra un hombre armado con un garrote.

Proti muži ozbrojenému obuškem neměl šanci.

Había aprendido la verdad y nunca olvidó esa lección.

Poznal pravdu a na tuto lekci nikdy nezapomněl.

Esa arma fue el comienzo de la ley en el nuevo mundo de Buck.

Tato zbraň byla počátkem práva v Buckově novém světě.

Fue el comienzo de un orden duro y primitivo que no podía negar.

Byl to začátek drsného, primitivního řádu, který nemohl popřít.

Aceptó la verdad; sus instintos salvajes ahora estaban despiertos.

Přijal pravdu; jeho divoké instinkty se nyní probudily.

El mundo se había vuelto más duro, pero Buck lo afrontó con valentía.

Svět se stal drsnějším, ale Buck mu statečně čelil.

Afrontó la vida con nueva cautela, astucia y fuerza silenciosa.

Životu se postavil s novou opatrností, lstí a tichou silou.

Llegaron más perros, atados con cuerdas o cajas como había estado Buck.

Přijeli další psi, uvázaní v provazech nebo klecích, jako předtím Buck.

Algunos perros llegaron con calma, otros se enfurecieron y pelearon como bestias salvajes.

Někteří psi přicházeli klidně, jiní zuřili a prali se jako divoká zvířata.

Todos ellos quedaron bajo el dominio del hombre del suéter rojo.

Všichni byli podrobeni vládě muže v rudém svetru.

Cada vez, Buck observaba y veía cómo se desarrollaba la misma lección.

Buck pokaždé sledoval a viděl, jak se odvíjí totéž.

El hombre con el garrote era la ley, un amo al que había que obedecer.

Muž s kyjem byl zákon; pán, kterého je třeba poslouchat.

No necesitaba ser querido, pero sí obedecido.

Nepotřeboval být oblíbený, ale musel být poslouchán.

Buck nunca adulaba ni meneaba la cola como lo hacían los perros más débiles.

Buck se nikdy nepodlézal ani nevrátil jako slabší psi.

Vio perros que estaban golpeados y todavía lamían la mano del hombre.

Viděl zbité psy a přesto olizovali muži ruku.

Vio un perro que no obedecía ni se sometía en absoluto.

Viděl jednoho psa, který vůbec neposlouchal ani se nepodřizoval.

Ese perro luchó hasta que murió en la batalla por el control.

Ten pes bojoval, dokud nebyl zabit v bitvě o kontrolu.

A veces, desconocidos venían a ver al hombre del suéter rojo.

Za mužem v červeném svetru občas chodili cizí lidé.

Hablaban en tonos extraños, suplicando, negociando y riendo.

Mluvili podivnými tóny, prosili, smlouvali a smáli se.

Cuando se intercambiaba dinero, se iban con uno o más perros.

Když se vyměňovaly peníze, odcházeli s jedním nebo více psy.

Buck se preguntó a dónde habían ido esos perros, pues ninguno regresaba jamás.

Buck se divil, kam se ti psi poděli, protože se žádný z nich už nikdy nevrátil.

El miedo a lo desconocido llenaba a Buck cada vez que un hombre extraño se acercaba.

Strach z neznáma naplňoval Bucka pokaždé, když přišel cizí muž

Se alegraba cada vez que se llevaban a otro perro en lugar de a él mismo.

Pokaždé byl rád, když si vzali dalšího psa, ne jeho samotného.

Pero finalmente, llegó el turno de Buck con la llegada de un hombre extraño.

Ale konečně přišla řada na Bucka s příchodem podivného muže.

Era pequeño, fibroso y hablaba un inglés deficiente y decía palabrotas.

Byl malý, šlachovitý a mluvil lámanou angličtinou a nadával.

—¡Sacredam! —gritó cuando vio el cuerpo de Buck.

„Sacredam!" vykřikl, když spatřil Buckovu postavu.

—¡Qué perro tan bravucón! ¿Eh? ¿Cuánto? —preguntó en voz alta.

„To je ale zatracenej tyran! Cože? Kolik to stojí?" zeptal se nahlas.

"Trescientos, y es un regalo a ese precio".

„Tři sta, a za tu cenu je to dárek."

—Como es dinero del gobierno, no deberías quejarte, Perrault.

„Jelikož jsou to vládní peníze, neměl byste si stěžovat, Perraulte."

Perrault sonrió ante el trato que acababa de hacer con aquel hombre.
Perrault se ušklíbl nad dohodou, kterou s tím mužem právě uzavřel.
El precio de los perros se disparó debido a la repentina demanda.
Cena psů prudce vzrostla kvůli náhlé poptávce.
Trescientos dólares no era injusto para una bestia tan bella.
Tři sta dolarů nebylo nefér za tak skvělé zvíře.
El gobierno canadiense no perdería nada con el acuerdo
Kanadská vláda by na dohodě nic neztratila
Además sus despachos oficiales tampoco sufrirían demoras en el tránsito.
Ani jejich oficiální zásilky by se nezpozdily během přepravy.
Perrault conocía bien a los perros y podía ver que Buck era algo raro.
Perrault znal psy dobře a viděl, že Buck je něco vzácného.
"Uno entre diez diez mil", pensó mientras estudiaba la complexión de Buck.
„Jeden z deseti deseti tisíc," pomyslel si, když si prohlížel Buckovu postavu.
Buck vio que el dinero cambiaba de manos, pero no mostró sorpresa.
Buck viděl, jak peníze mění majitele, ale nedal najevo žádné překvapení.
Pronto él y Curly, un gentil Terranova, fueron llevados lejos.
Brzy byli on a Kudrnatý, mírný novofundlanďan, odvedeni pryč.
Siguieron al hombrecito desde el patio del suéter rojo.
Sledovali malého mužíčka ze dvora rudého svetru.
Esa fue la última vez que Buck vio al hombre con el garrote de madera.
To bylo naposledy, co Buck viděl muže s dřevěnou palicí.
Desde la cubierta del Narwhal vio cómo Seattle se desvanecía en la distancia.
Z paluby Narvala sledoval, jak Seattle mizí v dálce.
También fue la última vez que vio las cálidas tierras del Sur.

Bylo to také naposledy, co kdy viděl teplý Jih.

Perrault los llevó bajo cubierta y los dejó con François.

Perrault je vzal do podpalubí a nechal je s Françoisem.

François era un gigante de cara negra y manos ásperas y callosas.

François byl obr s černou tváří a drsnýma, mozolnatýma rukama.

Era oscuro y moreno, un mestizo francocanadiense.

Byl tmavý a snědý; míšenec Francouzsko-kanaďanského původu.

Para Buck, estos hombres eran de un tipo que nunca había visto antes.

Buckovi připadali tito muži jako muži, jaké ještě nikdy předtím neviděl.

En los días venideros conocería a muchos hombres así.

V nadcházejících dnech se s mnoha takovými muži setká.

No llegó a encariñarse con ellos, pero llegó a respetarlos.

Nezískal k nim sice náklonnost, ale začal si jich vážit.

Eran justos y sabios, y no se dejaban engañar fácilmente por ningún perro.

Byli spravedliví a moudří a žádný pes je nenechal snadno oklamat.

Juzgaban a los perros con calma y castigaban sólo cuando lo merecían.

Psy posuzovali klidně a trestali jen tehdy, když si to zasloužili.

En la cubierta inferior del Narwhal, Buck y Curly se encontraron con dos perros.

V podpalubí Narvala potkali Buck a Kudrnatý dva psy.

Uno de ellos era un gran perro blanco procedente de la lejana y gélida región de Spitzbergen.

Jeden byl velký bílý pes z dalekých, ledových Špicberk.

Una vez navegó con un ballenero y se unió a un grupo de investigación.

Kdysi se plavil s velrybářskou lodí a připojil se k průzkumné skupině.

Era amigable de una manera astuta, deshonesta y tramposa.

Byl přátelský, lstivým, zákeřným a lstivým způsobem.

En su primera comida, robó un trozo de carne de la sartén de Buck.

Při jejich prvním jídle ukradl Buckovi z pánve kus masa.

Buck saltó para castigarlo, pero el látigo de François golpeó primero.

Buck skočil, aby ho potrestal, ale Françoisův bič udeřil první.

El ladrón blanco gritó y Buck recuperó el hueso robado.

Bílý zloděj vykřikl a Buck si vzal zpět ukradenou kost.

Esa imparcialidad impresionó a Buck y François se ganó su respeto.

Tato spravedlivost na Bucka zapůsobila a François si jeho respekt vysloužil.

El otro perro no saludó y no quiso recibir saludos a cambio.

Druhý pes nepozdravil a ani ho na oplátku nechtěl.

No robaba comida ni olfateaba con interés a los recién llegados.

Nekradl jídlo ani se zájmem nečichal k nově příchozím.

Este perro era sombrío y silencioso, melancólico y de movimientos lentos.

Tento pes byl zachmuřený a tichý, pochmurný a pomalu se pohybující.

Le advirtió a Curly que se mantuviera alejada simplemente mirándola fijamente.

Varoval Kudrnatý, aby se držela dál, tím, že se na ni zamračil.

Su mensaje fue claro: déjenme en paz o habrá problemas.

Jeho poselství bylo jasné: nechte mě být, nebo budou problémy.

Se llamaba Dave y apenas se fijaba en su entorno.

Jmenoval se Dave a sotva si všímal svého okolí.

Dormía a menudo, comía tranquilamente y bostezaba de vez en cuando.

Často spal, tiše jedl a občas zívl.

El barco zumbaba constantemente con la hélice golpeando debajo.

Loď neustále hučela a dole ji tloukla vrtule.

Los días pasaron con pocos cambios, pero el clima se volvió más frío.
Dny plynuly s malými změnami, ale počasí se ochladilo.
Buck podía sentirlo en sus huesos y notó que los demás también lo sentían.
Buck to cítil až v kostech a všiml si, že i ostatní.
Entonces, una mañana, la hélice se detuvo y todo quedó en silencio.
Pak se jednoho rána vrtule zastavila a všechno utichlo.
Una energía recorrió la nave; algo había cambiado.
Lodí projela energie; něco se změnilo.
François bajó, les puso las correas y los trajo arriba.
François sestoupil dolů, připnul je na vodítka a vyvedl je nahoru.
Buck salió y encontró el suelo suave, blanco y frío.
Buck vyšel ven a zjistil, že země je měkká, bílá a studená.
Saltó hacia atrás alarmado y resopló totalmente confundido.
Vyděšeně uskočil a zmateně si odfrkl.
Una extraña sustancia blanca caía del cielo gris.
Z šedé oblohy padala podivná bílá hmota.
Se sacudió, pero los copos blancos seguían cayendo sobre él.
Zatřásl se, ale bílé vločky na něj stále dopadaly.
Olió con cuidado la sustancia blanca y lamió algunos trocitos helados.
Opatrně si přičichl k bílé hmotě a olízl pár ledových kousků.
El polvo ardió como fuego y luego desapareció de su lengua.
Prášek pálil jako oheň a pak mu z jazyka zmizel.
Buck lo intentó de nuevo, desconcertado por la extraña frialdad que desaparecía.
Buck to zkusil znovu, zmatený podivným mizejícím chladem.
Los hombres que lo rodeaban se rieron y Buck se sintió avergonzado.
Muži kolem něj se zasmáli a Buck se cítil trapně.
No sabía por qué, pero le avergonzaba su reacción.
Nevěděl proč, ale styděl se za svou reakci.
Fue su primera experiencia con la nieve y le confundió.
Byla to jeho první zkušenost se sněhem a to ho zmátlo.

La ley del garrote y el colmillo
Zákon kyje a tesáku

El primer día de Buck en la playa de Dyea se sintió como una terrible pesadilla.

Buckův první den na pláži Dyea se zdál jako hrozná noční můra.

Cada hora traía nuevas sorpresas y cambios inesperados para Buck.

Každá hodina přinášela Buckovi nové šoky a nečekané změny.

Lo habían sacado de la civilización y lo habían arrojado a un caos salvaje.

Byl vytržen z civilizace a vržen do divokého chaosu.

Aquella no era una vida soleada y tranquila, llena de aburrimiento y descanso.

Tohle nebyl žádný sluneční, lenivý život plný nudy a odpočinku.

No había paz, ni descanso, ni momento sin peligro.

Nebyl žádný klid, žádný odpočinek a žádná chvíle bez nebezpečí.

La confusión lo dominaba todo y el peligro siempre estaba cerca.

Všemu vládl zmatek a nebezpečí bylo neustále nablízku.

Buck tuvo que mantenerse alerta porque estos hombres y perros eran diferentes.

Buck musel zůstat ve střehu, protože tihle muži a psi byli jiní.

No eran de pueblos; eran salvajes y sin piedad.

Nebyli z měst; byli divocí a nemilosrdní.

Estos hombres y perros sólo conocían la ley del garrote y el colmillo.

Tito muži a psi znali jen zákon kyje a tesáku.

Buck nunca había visto perros pelear como estos salvajes huskies.

Buck nikdy neviděl psy prat se tak divokými husky.

Su primera experiencia le enseñó una lección que nunca olvidaría.

Jeho první zkušenost mu dala lekci, na kterou nikdy nezapomene.

Tuvo suerte de que no fuera él, o habría muerto también.

Měl štěstí, že to nebyl on, jinak by taky zemřel.

Curly fue el que sufrió mientras Buck observaba y aprendía.

Kudrnatý byl ten, kdo trpěl, zatímco Buck se díval a učil.

Habían acampado cerca de una tienda construida con troncos.

Utábořili se poblíž skladu postaveného z klád.

Curly intentó ser amigable con un husky grande, parecido a un lobo.

Kudrnatý se snažil být přátelský k velkému, vlkovi podobnému huskymu.

El husky era más pequeño que Curly, pero parecía salvaje y malvado.

Husky byl menší než Kudrnatý, ale vypadal divoce a zle.

Sin previo aviso, saltó y le abrió el rostro.

Bez varování skočil a rozřízl jí obličej.

Sus dientes la atravesaron desde el ojo hasta la mandíbula en un solo movimiento.

Jeho zuby jí jedním pohybem prořízly od oka až k čelisti.

Así era como peleaban los lobos: golpeaban rápido y saltaban.

Takhle vlci bojovali – rychle udeřili a odskočili.

Pero había mucho más que aprender de ese único ataque.

Ale z toho jednoho útoku se dalo poučit víc.

Decenas de huskies entraron corriendo y formaron un círculo silencioso.

Desítky huskyů se vřítily dovnitř a vytvořily tichý kruh.

Observaron atentamente y se lamieron los labios con hambre.

Pozorně se dívali a hladem si olizovali rty.

Buck no entendió su silencio ni sus miradas ansiosas.

Buck nechápal jejich mlčení ani jejich dychtivé oči.

Curly se apresuró a atacar al husky por segunda vez.

Kudrnatý se vrhl na huskyho podruhé, aby ho napadl.

Él usó su pecho para derribarla con un movimiento fuerte.

Silným pohybem hrudníku ji srazil k zemi.

Ella cayó de lado y no pudo levantarse más.

Spadla na bok a nemohla se znovu zvednout.

Eso era lo que los demás habían estado esperando todo el tiempo.

Na to ostatní celou dobu čekali.

Los perros esquimales saltaron sobre ella, aullando y gruñendo frenéticamente.

Huskyové na ni skočili, štěkali a vrčeli v zuřivosti.

Ella gritó cuando la enterraron bajo una pila de perros.

Křičela, když ji pohřbili pod hromadou psů.

El ataque fue tan rápido que Buck se quedó paralizado por la sorpresa.

Útok byl tak rychlý, že Buck šokem ztuhl na místě.

Vio a Spitz sacar la lengua de una manera que parecía una risa.

Viděl, jak Spitz vyplazuje jazyk způsobem, který vypadal jako smích.

François cogió un hacha y corrió directamente hacia el grupo de perros.

François popadl sekeru a vběhl přímo do skupiny psů.

Otros tres hombres usaron palos para ayudar a ahuyentar a los perros esquimales.

Tři další muži používali obušky, aby odháněli huskyje.

En sólo dos minutos, la pelea terminó y los perros desaparecieron.

Za pouhé dvě minuty byl boj u konce a psi byli pryč.

Curly yacía muerta en la nieve roja y pisoteada, con su cuerpo destrozado.

Kudrnatý ležela mrtvá v červeném, ušlapaném sněhu, tělo roztrhané na kusy.

Un hombre de piel oscura estaba de pie sobre ella, maldiciendo la brutal escena.

Nad ní stál tmavovlasý muž a proklínal tu brutální scénu.

El recuerdo permaneció con Buck y atormentó sus sueños por la noche.

Vzpomínka Bucka zůstala v paměti a v noci ho
pronásledovala ve snech.

Así era aquí: sin justicia, sin segundas oportunidades.

Tak to tady platilo; žádná spravedlnost, žádná druhá šance.

Una vez que un perro caía, los demás lo mataban sin piedad.

Jakmile pes spadl, ostatní ho bez milosti zabili.

Buck decidió entonces que nunca se permitiría caer.

Buck se tehdy rozhodl, že si nikdy nedovolí spadnout.

Spitz volvió a sacar la lengua y se rió de la sangre.

Spitz znovu vyplazil jazyk a zasmál se krvi.

Desde ese momento, Buck odió a Spitz con todo su corazón.

Od té chvíle Buck Spitze nenáviděl celým svým srdcem.

**Antes de que Buck pudiera recuperarse de la muerte de
Curly, sucedió algo nuevo.**

Než se Buck stačil vzpamatovat z Kudrnatýho smrti, stalo se
něco nového.

François se acercó y ató algo alrededor del cuerpo de Buck.

François přišel a něco Buckovi přivázal kolem těla.

Era un arnés como los que usaban los caballos en el rancho.

Byl to postroj, jaký se používá na koních na ranči.

**Así como Buck había visto trabajar a los caballos, ahora él
también estaba obligado a trabajar.**

Stejně jako Buck viděl koně pracovat, teď musel pracovat i on.

**Tuvo que arrastrar a François en un trineo hasta el bosque
cercano.**

Musel Françoise odtáhnout na saních do nedalekého lesa.

Después tuvo que arrastrar una carga de leña pesada.

Pak musel odtáhnout náklad těžkého palného dřeva.

**Buck era orgulloso, por eso le dolía que lo trataran como a
un animal de trabajo.**

Buck byl pyšný, takže ho bolelo, když se s ním zacházelo jako
s pracovním zvířetem.

**Pero él era sabio y no intentó luchar contra la nueva
situación.**

Ale byl moudrý a nesnažil se s novou situací bojovat.

Aceptó su nueva vida y dio lo mejor de sí en cada tarea.

Přijal svůj nový život a v každém úkolu vydal ze sebe maximum.

Todo en la obra le resultaba extraño y desconocido.

Všechno na té práci mu bylo zvláštní a neznámé.

Francisco era estricto y exigía obediencia sin demora.

François byl přísný a vyžadoval poslušnost bez prodlení.

Su látigo garantizaba que cada orden fuera seguida al instante.

Jeho bič zajistil, aby byl každý povel splněn najednou.

Dave era el que conducía el trineo, el perro que estaba más cerca de él, detrás de Buck.

Dave byl ten, kdo jezdil po saních, pes byl nejblíže za Buckem.

Dave mordió a Buck en las patas traseras si cometía un error.

Dave kousl Bucka do zadních nohou, když udělal chybu.

Spitz era el perro líder, hábil y experimentado en su función.

Špic byl vedoucím psem, v této roli zručný a zkušený.

Spitz no pudo alcanzar a Buck fácilmente, pero aún así lo corrigió.

Spitz se k Buckovi nemohl snadno dostat, ale přesto ho opravil.

Gruñó con dureza o tiró del trineo de maneras que le enseñaron a Buck.

Drsně vrčel nebo táhl saně způsobem, který Bucka učil.

Con este entrenamiento, Buck aprendió más rápido de lo que cualquiera de ellos esperaba.

Díky tomuto výcviku se Buck učil rychleji, než kdokoli z nich očekával.

Trabajó duro y aprendió tanto de François como de los otros perros.

Tvrdě pracoval a učil se jak od Françoise, tak od ostatních psů.

Cuando regresaron, Buck ya conocía los comandos clave.

Než se vrátili, Buck už znal klíčové povely.

Aprendió a detenerse al oír la palabra "ho" gracias a François.

Naučil se zastavit při zvuku „hó" od Françoise.

Aprendió cuando tenía que tirar del trineo y correr.

Naučil se, kdy musí táhnout sáně a běžet.

Aprendió a girar abiertamente en las curvas del camino sin problemas.

Naučil se bez problémů zatáčet v zatáčkách.

También aprendió a evitar a Dave cuando el trineo descendía rápidamente.

Také se naučil vyhýbat Daveovi, když sáně jely rychle z kopce.

"Son perros muy buenos", le dijo orgulloso François a Perrault.

„Jsou to moc dobří psi," řekl François hrdě Perraultovi.

"Ese Buck tira como un demonio. Le enseño rapidísimo".

„Ten Buck táhne jako čert – učím ho to nejrychleji."

Más tarde ese día, Perrault regresó con dos perros husky más.

Později téhož dne se Perrault vrátil s dalšími dvěma husky.

Se llamaban Billee y Joe y eran hermanos.

Jmenovali se Billee a Joe a byli to bratři.

Venían de la misma madre, pero no se parecían en nada.

Pocházeli od stejné matky, ale vůbec si nebyli podobní.

Billee era de carácter dulce y muy amigable con todos.

Billee byla dobrosrdečná a ke všem až příliš přátelská.

Joe era todo lo contrario: tranquilo, enojado y siempre gruñendo.

Joe byl pravý opak – tichý, rozzlobený a neustále vrčící.

Buck los saludó de manera amigable y se mostró tranquilo con ambos.

Buck je přátelsky pozdravil a choval se k oběma klidně.

Dave no les prestó atención y permaneció en silencio como siempre.

Dave si jich nevšímal a jako obvykle mlčel.

Spitz atacó primero a Billee, luego a Joe, para demostrar su dominio.

Spitz zaútočil nejprve na Billeeho a poté na Joea, aby ukázal svou dominanci.

Billee movió la cola y trató de ser amigable con Spitz.

Billee vrtěl ocasem a snažil se být ke Spitzovi přátelský.

Cuando eso no funcionó, intentó huir.

Když to nezabralo, zkusil raději utéct.

Lloró tristemente cuando Spitz lo mordió fuerte en el costado.

Smutně se rozplakal, když ho Spitz silně kousl do boku.

Pero Joe era muy diferente y se negaba a dejarse intimidar.

Ale Joe byl úplně jiný a odmítl se nechat šikanovat.

Cada vez que Spitz se acercaba, Joe giraba rápidamente para enfrentarlo.

Pokaždé, když se Spitz přiblížil, Joe se k němu rychle otočil čelem.

Su pelaje se erizó, sus labios se curvaron y sus dientes chasquearon salvajemente.

Srst se mu ježila, rty se mu zkřivily a zuby divoce cvakaly.

Los ojos de Joe brillaron de miedo y rabia, desafiando a Spitz a atacar.

Joeovy oči se leskly strachem a vztekem a vyzývaly Spitze k úderu.

Spitz abandonó la lucha y se alejó, humillado y enojado.

Spitz vzdal boj a odvrátil se, ponížený a rozzlobený.

Descargó su frustración en el pobre Billee y lo ahuyentó.

Vybil si svou frustraci na chudákovi Billeem a zahnal ho pryč.

Esa noche, Perrault añadió un perro más al equipo.

Toho večera Perrault přidal do týmu dalšího psa.

Este perro era viejo, delgado y cubierto de cicatrices de batalla.

Tento pes byl starý, hubený a pokrytý jizvami z bitev.

Le faltaba un ojo, pero el otro brillaba con poder.

Jedno jeho oko chybělo, ale druhé zářilo silou.

El nombre del nuevo perro era Solleks, que significaba "el enojado".

Nový pes se jmenoval Solleks, což znamenalo Rozzlobený.

Al igual que Dave, Solleks no pidió nada a los demás y no dio nada a cambio.

Stejně jako Dave, ani Solleks od ostatních nic nežádal a nic jim ani nedával.

Cuando Solleks entró lentamente al campamento, incluso Spitz se mantuvo alejado.

Když Solleks pomalu vešel do tábora, i Spitz se držel stranou.

Tenía un hábito extraño que Buck tuvo la mala suerte de descubrir.

Měl zvláštní zvyk, který Buck bohužel objevil.

A Solleks le disgustaba que se acercaran a él por el lado donde estaba ciego.

Solleks nesnášel, když se k němu přibližovali ze strany, kde byl slepý.

Buck no sabía esto y cometió ese error por accidente.

Buck to nevěděl a té chyby se dopustil omylem.

Solleks se dio la vuelta y cortó el hombro de Buck profunda y rápidamente.

Solleks se otočil a rychle a hluboce seknul Bucka do ramene.

A partir de ese momento, Buck nunca se acercó al lado ciego de Solleks.

Od té chvíle se Buck nikdy nepřiblížil k Solleksově slepé straně.

Nunca volvieron a tener problemas durante el resto del tiempo que estuvieron juntos.

Po zbytek doby, co spolu strávili, už nikdy neměli problémy.

Solleks sólo quería que lo dejaran solo, como el tranquilo Dave.

Solleks chtěl jen být sám, jako tichý Dave.

Pero Buck se enteraría más tarde de que cada uno tenía otro objetivo secreto.

Buck se ale později dozvěděl, že každý z nich měl ještě jeden tajný cíl.

Esa noche, Buck se enfrentó a un nuevo y preocupante desafío: cómo dormir.

Té noci čelil Buck nové a znepokojivé výzvě – jak spát.

La tienda brillaba cálidamente con la luz de las velas en el campo nevado.

Stan v zasněženém poli hřejivě zářil světlem svíček.

Buck entró, pensando que podría descansar allí como antes.

Buck vešel dovnitř a pomyslel si, že si tam může odpočinout jako předtím.

Pero Perrault y François le gritaron y le lanzaron sartenes.

Ale Perrault a François na něj křičeli a házeli po něm pánve.

Sorprendido y confundido, Buck corrió hacia el frío helado.

Šokovaný a zmatený Buck vyběhl ven do mrazivé zimy.

Un viento amargo le azotó el hombro herido y le congeló las patas.

Prudký vítr ho štípal do zraněného ramene a omrzl mu tlapky.

Se tumbó en la nieve y trató de dormir al aire libre.

Lehl si do sněhu a snažil se spát venku pod širým nebem.

Pero el frío pronto le obligó a levantarse de nuevo, temblando mucho.

Ale zima ho brzy donutila znovu vstát, silně se třásl.

Deambuló por el campamento intentando encontrar un lugar más cálido.

Procházel se táborem a snažil se najít teplejší místo.

Pero cada rincón estaba tan frío como el anterior.

Ale každý kout byl stejně studený jako ten předchozí.

A veces, perros salvajes saltaban sobre él desde la oscuridad.

Někdy na něj ze tmy skákali divocí psi.

Buck erizó su pelaje, mostró los dientes y gruñó en señal de advertencia.

Buck se naježil, vycenil zuby a varovně zavrčel.

Estaba aprendiendo rápido y los otros perros se alejaban rápidamente.

Rychle se učil a ostatní psi rychle couvali.

Aún así, no tenía dónde dormir ni idea de qué hacer.

Přesto neměl kde spát a netušil, co má dělat.

Por fin se le ocurrió una idea: ver cómo estaban sus compañeros de equipo.

Konečně ho napadlo – podívat se na své spoluhráče.

Regresó a su zona y se sorprendió al descubrir que habían desaparecido.

Vrátil se do jejich oblasti a s překvapením zjistil, že jsou pryč.

Nuevamente buscó por todo el campamento, pero todavía no pudo encontrarlos.

Znovu prohledal tábor, ale stále je nemohl najít.

Sabía que ellos no podían estar en la tienda, o él también lo estaría.

Věděl, že nemohou být ve stanu, jinak by tam byl i on.

Entonces ¿a dónde se habían ido todos los perros en este campamento helado?

Tak kam se všichni psi v tomhle zamrzlém táboře poděli?

Buck, frío y miserable, caminó lentamente alrededor de la tienda.

Buck, promrzlý a nešťastný, pomalu kroužil kolem stanu.

De repente, sus patas delanteras se hundieron en la nieve blanda y lo sobresaltó.

Najednou se mu přední nohy zabořily do měkkého sněhu a vylekaly ho.

Algo se movió bajo sus pies y saltó hacia atrás asustado.

Něco se mu zavrtělo pod nohama a on strachy uskočil.

Gruñó y rugió sin saber qué había debajo de la nieve.

Vrčel a vrčel, aniž by tušil, co se skrývá pod sněhem.

Entonces oyó un ladrido amistoso que alivió su miedo.

Pak uslyšel přátelské tiché štěknutí, které zmírnilo jeho strach.

Olfateó el aire y se acercó para ver qué estaba oculto.

Načechral vzduch a přiblížil se, aby viděl, co se skrývá.

Bajo la nieve, acurrucada en una bola cálida, estaba la pequeña Billee.

Pod sněhem, schoulená do teplé koule, ležela malá Billee.

Billee movió la cola y lamió la cara de Buck para saludarlo.

Billee zavrtěl ocasem a olízl Bucka do obličeje na pozdrav.

Buck vio cómo Billee había hecho un lugar para dormir en la nieve.

Buck viděl, jak si Billee udělala ve sněhu místo na spaní.

Había cavado y usado su propio calor para mantenerse caliente.

Zakopal si hluboko a používal vlastní teplo, aby se zahřál.

Buck había aprendido otra lección: así era como dormían los perros.

Buck se naučil další lekci – takhle psi spali.

Eligió un lugar y comenzó a cavar su propio hoyo en la nieve.

Vybral si místo a začal si kopat díru ve sněhu.

Al principio, se movía demasiado y desperdiciaba energía.

Zpočátku se příliš mnoho pohyboval a plýtval energií.

Pero pronto su cuerpo calentó el espacio y se sintió seguro.

Ale brzy jeho tělo prostor zahřálo a on se cítil bezpečně.

Se acurrucó fuertemente y al poco tiempo estaba profundamente dormido.

Pevně se schoulil a zanedlouho tvrdě usnul.

El día había sido largo y duro, y Buck estaba exhausto.

Den byl dlouhý a náročný a Buck byl vyčerpaný.

Durmió profundamente y cómodamente, aunque sus sueños fueron salvajes.

Spal hluboce a pohodlně, i když jeho sny byly divoké.

Gruñó y ladró mientras dormía, retorciéndose mientras soñaba.

Vrčel a štěkal ve spánku a při snění se kroutil.

Buck no se despertó hasta que el campamento ya estaba cobrando vida.

Buck se neprobudil, dokud se tábor už nezačal probouzet k životu.

Al principio, no sabía dónde estaba ni qué había sucedido.

Zpočátku nevěděl, kde je nebo co se stalo.

Había nevado durante la noche y había enterrado completamente su cuerpo.

Přes noc napadl sníh a jeho tělo bylo zcela pohřbeno.

La nieve lo apretaba por todos lados.

Sníh ho tlačil, těsně přiléhal ze všech stran.

De repente, una ola de miedo recorrió todo el cuerpo de Buck.

Najednou Buckovým tělem projela vlna strachu.

Era el miedo a quedar atrapado, un miedo que provenía de instintos profundos.

Byl to strach z uvěznění, strach pramenící z hlubokých instinktů.

Aunque nunca había visto una trampa, el miedo vivía dentro de él.

Ačkoli nikdy neviděl past, strach v něm žil.

Era un perro domesticado, pero ahora sus viejos instintos salvajes estaban despertando.

Byl to krotký pes, ale teď se v něm probouzely staré divoké instinkty.

Los músculos de Buck se tensaron y se le erizó el pelaje por toda la espalda.

Buckovi se napjaly svaly a srst se mu zježila po celých zádech.

Gruñó ferozmente y saltó hacia arriba a través de la nieve.

Zuřivě zavrčel a vyskočil přímo do sněhu.

La nieve voló en todas direcciones cuando estalló la luz del día.

Sníh létal všemi směry, když vtrhl do denního světla.

Incluso antes de aterrizar, Buck vio el campamento extendido ante él.

Ještě před přistáním Buck uviděl tábor rozprostírající se před sebou.

Recordó todo del día anterior, de repente.

Vzpomněl si na všechno z předchozího dne, najednou.

Recordó pasear con Manuel y terminar en ese lugar.

Vzpomněl si, jak se procházel s Manuelem a jak nakonec skončil na tomto místě.

Recordó haber cavado el hoyo y haberse quedado dormido en el frío.

Vzpomněl si, jak vykopal díru a usnul v chladu.

Ahora estaba despierto y el mundo salvaje que lo rodeaba estaba claro.

Teď byl vzhůru a divoký svět kolem něj byl jasný.

Un grito de François saludó la repentina aparición de Buck.

Françoisův výkřik oslavil Buckův náhlý příchod.

—¿Qué te dije? —gritó en voz alta el conductor del perro a Perrault.

„Co jsem říkal?" křičel hlasitě na Perraulta psí doprovod.

"Ese Buck sin duda aprende muy rápido", añadió François.

„Ten Buck se učí fakt rychle," dodal François.

Perrault asintió gravemente, claramente satisfecho con el resultado.

Perrault vážně přikývl, zjevně spokojený s výsledkem.

Como mensajero del gobierno canadiense, transportaba despachos.

Jako kurýr kanadské vlády nosil depeše.

Estaba ansioso por encontrar los mejores perros para su importante misión.

Dychtil po nalezení těch nejlepších psů pro svou důležitou misi.

Se sintió especialmente complacido ahora que Buck era parte del equipo.

Obzvláště ho těšilo, že Buck byl teď součástí týmu.

Se agregaron tres huskies más al equipo en una hora.

Během hodiny byli do týmu přidáni další tři huskyové.

Eso elevó el número total de perros en el equipo a nueve.

Tím se celkový počet psů v týmu zvýšil na devět.

En quince minutos todos los perros estaban en sus arneses.

Během patnácti minut byli všichni psi v postrojích.

El equipo de trineos avanzaba por el sendero hacia Dyea Cañón.

Sáňkařské spřežení se vydávalo po stezce směrem k Dyea Cañon.

Buck se sintió contento de partir, incluso si el trabajo que tenía por delante era duro.

Buck byl rád, že odchází, i když ho čekala těžká práce.

Descubrió que no despreciaba especialmente el trabajo ni el frío.

Zjistil, že práci ani zimu nijak zvlášť nenávidí.

Le sorprendió el entusiasmo que llenaba a todo el equipo.

Překvapilo ho nadšení, které naplnilo celý tým.

Aún más sorprendente fue el cambio que se produjo en Dave y Solleks.

Ještě překvapivější byla změna, která se stala s Davem a Solleksem.

Estos dos perros eran completamente diferentes cuando estaban enjaezados.

Tito dva psi byli v době, kdy byli zapřaženi, úplně odlišní.

Su pasividad y falta de preocupación habían desaparecido por completo.

Jejich pasivita a nezájem zcela zmizely.

Estaban alertas y activos, y ansiosos por hacer bien su trabajo.

Byli bdělí, aktivní a dychtiví dobře vykonávat svou práci.

Se irritaban ferozmente ante cualquier cosa que causara retraso o confusión.

Zuřivě je podráždilo cokoli, co způsobovalo zpoždění nebo zmatek.

El duro trabajo en las riendas era el centro de todo su ser.

Tvrdá práce s otěžemi byla středem celé jejich bytosti.

Tirar del trineo parecía ser lo único que realmente disfrutaban.

Zdálo se, že tahání saní je jediná věc, která je doopravdy bavila.

Dave estaba en la parte de atrás del grupo, más cerca del trineo.

Dave byl vzadu ve skupině, nejblíže k samotným saním.

Buck fue colocado delante de Dave, y Solleks se adelantó a Buck.

Buck se umístil před Davea a Solleks se hnal před Bucka.

El resto de los perros estaban dispersos adelante, en una sola fila.

Zbytek psů byl natažen vpředu v řadě za sebou.

La posición de cabeza en la parte delantera quedó ocupada por Spitz.

Vedoucí pozici vpředu obsadil Spitz.

Buck había sido colocado entre Dave y Solleks para recibir instrucción.

Bucka umístili mezi Davea a Solleksa kvůli instrukcím.

Él aprendía rápido y sus profesores eran firmes y capaces.

Učil se rychle a oni byli důrazní a schopní učitelé.

Nunca permitieron que Buck permaneciera en el error por mucho tiempo.

Nikdy nedovolili Buckovi zůstat v omylu dlouho.

Enseñaron sus lecciones con dientes afilados cuando era necesario.

V případě potřeby učili své lekce s ostrými zuby.

Dave era justo y mostraba un tipo de sabiduría tranquila y seria.

Dave byl spravedlivý a projevoval tichý, vážný druh moudrosti.

Él nunca mordió a Buck sin una buena razón para hacerlo.

Nikdy nekousal Bucka bez dobrého důvodu.

Pero nunca dejó de morder cuando Buck necesitaba corrección.

Ale nikdy nezapomněl kousnout, když Buck potřeboval napravit.

El látigo de Francisco estaba siempre listo y respaldaba su autoridad.

Françoisův bič byl vždy připravený a podporoval jejich autoritu.

Buck pronto descubrió que era mejor obedecer que defenderse.

Buck brzy zjistil, že je lepší poslechnout, než se bránit.

Una vez, durante un breve descanso, Buck se enredó en las riendas.

Jednou, během krátkého odpočinku, se Buck zamotal do otěží.

Retrasó el inicio y confundió los movimientos del equipo.

Zdržel start a zmátl pohyb týmu.

Dave y Solleks se abalanzaron sobre él y le dieron una paliza brutal.

Dave a Solleks se na něj vrhli a drsně ho zmlátili.

El enredo sólo empeoró, pero Buck aprendió bien la lección.

Spleť se jen zhoršovala, ale Buck se z toho dobře poučil.

A partir de entonces, mantuvo las riendas tensas y trabajó con cuidado.

Od té chvíle držel otěže napnuté a pracoval opatrně.

Antes de que terminara el día, Buck había dominado gran parte de su tarea.

Než den skončil, Buck zvládl většinu svého úkolu.

Sus compañeros casi dejaron de corregirlo y morderlo.

Jeho spoluhráči ho téměř přestali opravovat nebo kousat.

El látigo de François resonaba cada vez con menos frecuencia en el aire.

Françoisův bič praskal vzduchem čím dál méně často.

Perrault incluso levantó los pies de Buck y examinó cuidadosamente cada pata.

Perrault dokonce zvedl Buckovy nohy a pečlivě prozkoumal každou tlapku.

Había sido un día de carrera duro, largo y agotador para todos ellos.

Byl to pro ně všechny náročný den běhu, dlouhý a vyčerpávající.

Viajaron por el Cañón, atravesando Sheep Camp y pasando por Scales.

Cestovali nahoru po kaňonu, přes Ovčí tábor a kolem Váh.

Cruzaron la línea de árboles, luego glaciares y bancos de nieve de muchos metros de profundidad.

Překročili hranici lesa, pak ledovce a sněhové závěje hluboké mnoho stop.

Escalaron la gran, fría y prohibitiva divisoria de Chilkoot.

Vyšplhali se na velký chladný a nehostinný Chilkootský průliv.

Esa alta cresta se encontraba entre el agua salada y el interior helado.

Ten vysoký hřeben stál mezi slanou vodou a zamrzlým vnitrozemím.

Las montañas custodiaban con hielo y empinadas subidas el triste y solitario Norte.

Hory střežily smutný a osamělý Sever ledem a strmými stoupáními.

Avanzaron a buen ritmo por una larga cadena de lagos debajo de la divisoria.

Zvládli to dobře po dlouhém řetězci jezer pod rozvodím.

Esos lagos llenaban los antiguos cráteres de volcanes extintos.

Tato jezera vyplňovala starověké krátery vyhaslých sopek.

Tarde esa noche, llegaron a un gran campamento en el lago Bennett.

Pozdě v noci dorazili do velkého tábora u jezera Bennett.

Miles de buscadores de oro estaban allí, construyendo barcos para la primavera.
Byly tam tisíce hledačů zlata a stavěli lodě na jaro.
El hielo se rompería pronto y tenían que estar preparados.
Led se měl brzy protrhnout a oni museli být připraveni.
Buck cavó su hoyo en la nieve y cayó en un sueño profundo.
Buck si vykopal díru ve sněhu a hluboce usnul.
Durmió como un trabajador, exhausto por la dura jornada de trabajo.
Spal jako pracující člověk, vyčerpaný z těžkého dne dřiny.
Pero demasiado pronto, en la oscuridad, fue sacado del sueño.
Ale příliš brzy ve tmě byl vytržen ze spánku.
Fue enganchado nuevamente con sus compañeros y sujeto al trineo.
Znovu ho zapřáhli se svými druhy a připojili k saním.
Aquel día hicieron cuarenta millas, porque la nieve estaba muy pisoteada.
Toho dne ušli šedesát mil, protože sníh byl dobře ušlapaný.
Al día siguiente, y durante muchos días más, la nieve estaba blanda.
Následující den a ještě mnoho dní poté byl sníh měkký.
Tuvieron que hacer el camino ellos mismos, trabajando más duro y moviéndose más lento.
Museli si cestu vydláždit sami, usilovněji pracovali a pohybovali se pomaleji.
Por lo general, Perrault caminaba delante del equipo con raquetas de nieve palmeadas.
Perrault obvykle kráčel před týmem na sněžnicích s plovacími blánami.
Sus pasos compactaron la nieve, facilitando el movimiento del trineo.
Jeho kroky udupaly sníh, a tak saním usnadnil pohyb.
François, que dirigía el barco desde la dirección, a veces tomaba el relevo.
François, který kormidloval od souřadnicové tyče, někdy přebíral velení.

Pero era raro que François tomara la iniciativa.
Ale jen zřídka se François ujal vedení
porque Perrault tenía prisa por entregar las cartas y los paquetes.
protože Perrault spěchal s doručením dopisů a balíků.
Perrault estaba orgulloso de su conocimiento de la nieve, y especialmente del hielo.
Perrault byl hrdý na své znalosti sněhu, a zejména ledu.
Ese conocimiento era esencial porque el hielo en otoño era peligrosamente delgado.
Tato znalost byla nezbytná, protože podzimní led byl nebezpečně tenký.
Allí donde el agua fluía rápidamente bajo la superficie, no había hielo en absoluto.
Tam, kde voda pod hladinou rychle proudila, nebyl vůbec žádný led.

Día tras día, la misma rutina se repetía sin fin.
Den za dnem se ta samá rutina opakovala bez konce.
Buck trabajó incansablemente en las riendas desde el amanecer hasta la noche.
Buck se od úsvitu do večera nekonečně dřel v otěžích.
Abandonaron el campamento en la oscuridad, mucho antes de que saliera el sol.
Tábor opustili za tmy, dlouho před východem slunce.
Cuando amaneció, ya habían recorrido muchos kilómetros.
Než se rozednilo, měli už za sebou mnoho kilometrů.
Acamparon después del anochecer, comieron pescado y excavaron en la nieve.
Tábor si postavili po setmění, jedli ryby a zahrabávali se do sněhu.
Buck siempre tenía hambre y nunca estaba realmente satisfecho con su ración.
Buck měl pořád hlad a nikdy nebyl se svým přídělem doopravdy spokojený.
Recibía una libra y media de salmón seco cada día.
Každý den dostával půl kila sušeného lososa.

Pero la comida parecía desaparecer dentro de él, dejando atrás el hambre.
Ale jídlo v něm jako by mizelo a zanechávalo za sebou hlad.
Sufría constantes dolores de hambre y soñaba con más comida.
Trpěl neustálým hladem a snil o dalším jídle.
Los otros perros sólo ganaron una libra, pero se mantuvieron fuertes.
Ostatní psi dostali jen půl kila jídla, ale zůstali silní.
Eran más pequeños y habían nacido en la vida del norte.
Byli menší a narodili se do severského života.
Perdió rápidamente la meticulosidad que había caracterizado su antigua vida.
Rychle ztratil puntičkářskou puntičkářskou povahu, která charakterizovala jeho starý život.
Había sido un comensal delicado, pero ahora eso ya no era posible.
Býval laskominou, ale teď už to nebylo možné.
Sus compañeros terminaron primero y le robaron su ración sobrante.
Jeho kamarádi dojedli první a okradli ho o nedojedený příděl.
Una vez que empezaron, no había forma de defender su comida de ellos.
Jakmile začali, nebylo možné se před nimi ubránit jeho jídlu.
Mientras él luchaba contra dos o tres perros, los otros le robaron el resto.
Zatímco on zahnal dva nebo tři psy, ostatní ukradli zbytek.
Para solucionar esto, comenzó a comer tan rápido como los demás.
Aby to napravil, začal jíst stejně rychle jako ostatní.
El hambre lo empujó tan fuerte que incluso tomó comida que no era suya.
Hlad ho tak silně trápil, že si vzal i jídlo, které nebylo jeho vlastní.
Observó a los demás y aprendió rápidamente de sus acciones.
Pozoroval ostatní a rychle se z jejich chování učil.

Vio a Pike, un perro nuevo, robarle una rebanada de tocino a Perrault.

Viděl Pikea, nového psa, jak ukradl Perraultovi plátek slaniny.

Pike había esperado hasta que Perrault se dio la espalda para robarle el tocino.

Pike počkal, až se Perrault otočí zády, aby mu mohl ukrást slaninu.

Al día siguiente, Buck copió a Pike y robó todo el trozo.

Následujícího dne Buck okopíroval Pikea a ukradl celý kus.

Se produjo un gran alboroto, pero no se sospechó de Buck.

Následoval velký hluk, ale Buck nebyl podezřívaný.

Dub, un perro torpe que siempre era atrapado, fue castigado.

Místo toho byl potrestán Dub, nemotorný pes, který se vždycky nechal chytit.

Ese primer robo marcó a Buck como un perro apto para sobrevivir en el Norte.

Ta první krádež označila Bucka za psa schopného přežít sever.

Demostró que podía adaptarse a nuevas condiciones y aprender rápidamente.

Ukázal, že se dokáže rychle přizpůsobit novým podmínkám a učit se.

Sin esa adaptabilidad, habría muerto rápida y gravemente.

Bez takové přizpůsobivosti by zemřel rychle a těžce.

También marcó el colapso de su naturaleza moral y de sus valores pasados.

Znamenalo to také zhroucení jeho morální podstaty a minulých hodnot.

En el Sur, había vivido bajo la ley del amor y la bondad.

V Jihu žil podle zákona lásky a laskavosti.

Allí tenía sentido respetar la propiedad y los sentimientos de los otros perros.

Tam dávalo smysl respektovat majetek a city ostatních psů.

Pero en el Norte se aplicaba la ley del garrote y la ley del colmillo.

Ale Severní země se řídila zákonem kyje a zákonem tesáku.

Quienquiera que respetara los viejos valores aquí sería un tonto y fracasaría.

Kdokoli zde respektoval staré hodnoty, byl hloupý a selhal by.

Buck no razonó todo esto en su mente.

Buck si to všechno v duchu neuvažoval.

Estaba en forma y se adaptó sin necesidad de pensar.

Byl v kondici, a tak se přizpůsobil, aniž by musel přemýšlet.

Durante toda su vida, nunca había huido de una pelea.

Celý svůj život se mu nikdy nepodařilo utéct před rvačkou.

Pero el garrote de madera del hombre del suéter rojo cambió esa regla.

Ale dřevěná kyj muže v červeném svetru toto pravidlo změnila.

Ahora seguía un código más profundo y antiguo escrito en su ser.

Nyní se řídil hlubším, starším kódem vepsaným do jeho bytosti.

No robó por placer sino por el dolor del hambre.

Nekradl z potěšení, ale z bolesti z hladu.

Él nunca robaba abiertamente, sino que hurtaba con astucia y cuidado.

Nikdy otevřeně neloupil, ale kradl lstivě a opatrně.

Actuó por respeto al garrote de madera y por miedo al colmillo.

Jednal z úcty k dřevěné kyji a ze strachu před tesákem.

En resumen, hizo lo que era más fácil y seguro que no hacerlo.

Zkrátka udělal to, co bylo jednodušší a bezpečnější než to neudělat.

Su desarrollo —o quizás su regreso a los viejos instintos— fue rápido.

Jeho vývoj – nebo možná jeho návrat ke starým instinktům – byl rychlý.

Sus músculos se endurecieron hasta sentirse tan fuertes como el hierro.

Jeho svaly ztvrdly, až se cítily pevné jako železo.

Ya no le importaba el dolor, a menos que fuera grave.

Už ho bolest netrápila, pokud nebyla vážná.

Se volvió eficiente por dentro y por fuera, sin desperdiciar nada.

Stal se efektivním zevnitř i zvenčí, nic neplýtval.

Podía comer cosas viles, podridas o difíciles de digerir.

Mohl jíst věci, které byly odporné, shnilé nebo těžko stravitelné.

Todo lo que comía, su estómago aprovechaba hasta el último vestigio de valor.

Ať snědl cokoli, jeho žaludek spotřeboval každou poslední kousek cenné látky.

Su sangre transportaba los nutrientes a través de su poderoso cuerpo.

Jeho krev roznášela živiny daleko jeho silným tělem.

Esto creó tejidos fuertes que le dieron una resistencia increíble.

Díky tomu si vybudoval silné tkáně, které mu dodávaly neuvěřitelnou vytrvalost.

Su vista y su olfato se volvieron mucho más sensibles que antes.

Jeho zrak a čich se staly mnohem citlivějšími než dříve.

Su audición se agudizó tanto que podía detectar sonidos débiles durante el sueño.

Jeho sluch se natolik zostřil, že dokázal ve spánku rozeznat slabé zvuky.

Sabía en sueños si los sonidos significaban seguridad o peligro.

Ve snech věděl, jestli zvuky znamenají bezpečí, nebo nebezpečí.

Aprendió a morder el hielo entre los dedos de los pies con los dientes.

Naučil se kousat led mezi prsty na nohou zuby.

Si un charco de agua se congelaba, rompía el hielo con las piernas.

Pokud zamrzla napajedla, prolámal led nohama.

Se encabritó y golpeó con fuerza el hielo con sus rígidas patas delanteras.

Vzpjal se a ztuhlými předními končetinami silně udeřil do ledu.

Su habilidad más sorprendente era predecir los cambios del viento durante la noche.

Jeho nejpozoruhodnější schopností bylo předpovídat změny větru přes noc.

Incluso cuando el aire estaba quieto, elegía lugares protegidos del viento.

I když byl vzduch klidný, vybíral si místa chráněná před větrem.

Dondequiera que cavaba su nido, el viento del día siguiente lo pasaba de largo.

Ať už si vykopal hnízdo kdekoli, vítr druhého dne ho minul.

Siempre acababa abrigado y protegido, a sotavento de la brisa.

Vždycky skončil útulně a chráněně, v závětří proti větru.

Buck no sólo aprendió con la experiencia: sus instintos también regresaron.

Buck se nejen poučil ze zkušeností – vrátily se mu i instinkty.

Los hábitos de las generaciones domesticadas comenzaron a desaparecer.

Zvyky domestikovaných generací se začaly vytrácet.

De manera vaga, recordaba los tiempos antiguos de su raza.

Matně si vzpomínal na dávné časy svého rodu.

Recordó cuando los perros salvajes corrían en manadas por los bosques.

Vzpomněl si na dobu, kdy divocí psi běhali ve smečkách lesy.

Habían perseguido y matado a su presa mientras la perseguían.

Pronásledovali a zabíjeli svou kořist, zatímco ji doháněli.

Para Buck fue fácil aprender a pelear con dientes y velocidad.

Pro Bucka bylo snadné naučit se bojovat zuby a rychlostí.

Utilizaba cortes, tajos y chasquidos rápidos igual que sus antepasados.

Používal řezy, seknutí a rychlé cvaknutí stejně jako jeho předkové.

Aquellos antepasados se agitaron dentro de él y despertaron su naturaleza salvaje.

Ti předkové se v něm probudí a probudí jeho divokou povahu.

Sus antiguas habilidades habían pasado a él a través de la línea de sangre.

Jejich staré dovednosti na něj přešly skrze pokrevní linii.

Sus trucos ahora eran suyos, sin necesidad de práctica ni esfuerzo.

Jejich triky teď byly jeho, bez nutnosti cviku nebo úsilí.

En las noches frías y quietas, Buck levantaba la nariz y aullaba.

Za tichých, chladných nocí Buck zvedl čumák a zavýjel.

Aulló largo y profundamente, como lo hacían los lobos antaño.

Vyl dlouho a hluboce, jako to dělali vlci kdysi dávno.

A través de él, sus antepasados muertos apuntaron sus narices y aullaron.

Skrze něj jeho mrtví předkové ukazovali nosy a vyli.

Aullaron a través de los siglos con su voz y su forma.

Jeho hlasem a postavou se nesly skrz staletí vytím.

Sus cadencias eran las de ellos, viejos gritos que hablaban de dolor y frío.

Jeho kadence byly jejich, staré výkřiky, které vyprávěly o zármutku a zimě.

Cantaron sobre la oscuridad, el hambre y el significado del invierno.

Zpívali o temnotě, hladu a významu zimy.

Buck demostró cómo la vida está determinada por fuerzas ajenas a uno mismo.

Buck dokázal, jak je život formován silami mimo nás samotné.

La antigua canción se elevó a través de Buck y se apoderó de su alma.

Stará píseň stoupala Buckem a zmocňovala se jeho duše.

Se encontró a sí mismo porque los hombres habían encontrado oro en el Norte.

Našel se, protože muži na severu našli zlato.
Y se encontró porque Manuel, el ayudante del jardinero, necesitaba dinero.
A ocitl se v ní, protože Manuel, zahradníkův pomocník, potřeboval peníze.

La Bestia Primordial Dominante
Dominantní Prvotní Bestie

La bestia primordial dominante era tan fuerte como siempre en Buck.

Dominantní prvotní bestie byla v Buckovi stejně silná jako vždy.

Pero la bestia primordial dominante yacía latente en él.

Ale dominantní prvotní bestie v něm dřímala.

La vida en el camino era dura, pero fortalecía a la bestia que Buck llevaba dentro.

Život na stezce byl drsný, ale posílil v Buckovi zvířecí nitro.

En secreto, la bestia se hacía cada día más fuerte.

Bestie tajně každým dnem sílila a sílila.

Pero ese crecimiento interior permaneció oculto para el mundo exterior.

Ale tento vnitřní růst zůstal skrytý před vnějším světem.

Una fuerza primordial, tranquila y calmada se estaba construyendo dentro de Buck.

V Buckovi se budovala tichá a klidná prvotní síla.

Una nueva astucia le proporcionó a Buck equilibrio, calma, control y aplomo.

Nová lstivost dodala Buckovi rovnováhu, klidnou kontrolu a vyrovnanost.

Buck se concentró mucho en adaptarse, sin sentirse nunca totalmente relajado.

Buck se usilovně soustředil na adaptaci, nikdy se necítil úplně uvolněný.

Él evitaba los conflictos, nunca iniciaba peleas ni buscaba problemas.

Vyhýbal se konfliktům, nikdy nezačínal hádky ani nevyhledával potíže.

Una reflexión lenta y constante moldeó cada movimiento de Buck.

Buckův každý pohyb formovala pomalá, vytrvalá přemýšlivost.

Evitó las elecciones precipitadas y las decisiones repentinas e imprudentes.
Vyhýbal se ukvapeným rozhodnutím a náhlým, bezohledným rozhodnutím.
Aunque Buck odiaba profundamente a Spitz, no le mostró ninguna agresión.
Ačkoli Buck Spitze hluboce nenáviděl, neprojevoval vůči němu žádnou agresi.
Buck nunca provocó a Spitz y mantuvo sus acciones moderadas.
Buck Spitze nikdy neprovokoval a své jednání udržoval zdrženlivé.
Spitz, por otro lado, percibió el creciente peligro en Buck.
Spitz na druhou stranu vycítil rostoucí nebezpečí v Buckovi.
Él veía a Buck como una amenaza y un serio desafío a su poder.
Bucka vnímal jako hrozbu a vážnou výzvu pro svou moc.
Aprovechó cada oportunidad para gruñir y mostrar sus afilados dientes.
Využil každé příležitosti k zavrčení a vycenění ostrých zubů.
Estaba tratando de iniciar la pelea mortal que estaba por venir.
Snažil se zahájit smrtící boj, který musel přijít.
Al principio del viaje casi se desató una pelea entre ellos.
Na začátku cesty mezi nimi málem vypukla rvačka.
Pero un accidente inesperado detuvo la pelea.
Ale nečekaná nehoda zabránila souboji.
Esa tarde acamparon en el gélido lago Le Barge.
Toho večera si postavili tábor na krutě chladném jezeře Le Barge.
La nieve caía con fuerza y el viento cortaba como un cuchillo.
Sníh padal hustě a vítr řezal jako nůž.
La noche había llegado demasiado rápido y la oscuridad los rodeaba.
Noc přišla příliš rychle a obklopila je tma.

Difícilmente podrían haber elegido un peor lugar para descansar.

Těžko si mohli vybrat horší místo pro odpočinek.

Los perros buscaban desesperadamente un lugar donde tumbarse.

Psi zoufale hledali místo, kde by si mohli lehnout.

Detrás del pequeño grupo se alzaba una alta pared de roca.

Za malou skupinou se strmě zvedala vysoká skalní stěna.

La tienda de campaña había sido abandonada en Dyea para aligerar la carga.

Stan byl zanechán v Dyea, aby se ulehčil náklad.

No les quedó más remedio que hacer el fuego sobre el propio hielo.

Neměli jinou možnost, než rozdělat oheň přímo na ledě.

Extendieron sus batas para dormir directamente sobre el lago helado.

Rozprostřeli si spací róby přímo na zamrzlém jezeře.

Unos cuantos palitos de madera flotante les dieron un poco de fuego.

Pár větviček naplaveného dřeva jim dodalo trochu ohně.

Pero el fuego se construyó sobre el hielo y se descongeló a través de él.

Ale oheň byl rozdělán na ledu a roztál se skrz něj.

Al final, estaban comiendo su cena en la oscuridad.

Nakonec jedli večeři ve tmě.

Buck se acurrucó junto a la roca, protegido del viento frío.

Buck se schoulil vedle skály, chráněný před studeným větrem.

El lugar era tan cálido y seguro que Buck odiaba mudarse.

Místo bylo tak teplé a bezpečné, že se Buckovi nelíbilo odcházet.

Pero François había calentado el pescado y estaba repartiendo raciones.

Ale François ohřál rybu a rozdával příděly.

Buck terminó de comer rápidamente y regresó a su cama.

Buck rychle dojedl a vrátil se do postele.

Pero Spitz ahora estaba acostado donde Buck había hecho su cama.

Ale Spitz teď ležel tam, kde mu Buck ustlal postel.

Un gruñido bajo advirtió a Buck que Spitz se negaba a moverse.

Tiché zavrčení varovalo Bucka, že se Spitz odmítá pohnout.

Hasta ahora, Buck había evitado esta pelea con Spitz.

Buck se tomuto souboji se Spitzem až doposud vyhýbal.

Pero en lo más profundo de Buck la bestia finalmente se liberó.

Ale hluboko v Buckově nitru se bestie konečně uvolnila.

El robo de su lugar para dormir era algo demasiado difícil de tolerar.

Krádež jeho spacího místa byla příliš k tolerování.

Buck se lanzó hacia Spitz, lleno de ira y rabia.

Buck se vrhl na Spitze, plný hněvu a vzteku.

Hasta ahora Spitz había pensado que Buck era sólo un perro grande.

Až donedávna si Spitz myslel, že Buck je jen velký pes.

No creía que Buck hubiera sobrevivido a través de su espíritu.

Nemyslel si, že Buck přežil díky svému duchu.

Esperaba miedo y cobardía, no furia y venganza.

Čekal strach a zbabělost, ne vztek a pomstu.

François se quedó mirando mientras los dos perros salían del nido en ruinas.

François zíral, jak oba psi vylétli ze zničeného hnízda.

Comprendió de inmediato lo que había iniciado la salvaje lucha.

Okamžitě pochopil, co spustilo ten divoký boj.

—¡Ah! —gritó François en apoyo del perro marrón.

„Ááá!" vykřikl François na podporu hnědého psa.

¡Dale una paliza! ¡Por Dios, castiga a ese ladrón astuto!

„Dejte mu výprask! Proboha, potrestejte toho lstivého zloděje!"

Spitz mostró la misma disposición y un entusiasmo salvaje por luchar.

Spitz projevoval stejnou připravenost a divokou dychtivost k boji.

Gritó de rabia mientras giraba rápidamente en busca de una abertura.

Vykřikl vzteky a rychle kroužil v hledání otvoru.

Buck mostró el mismo hambre de luchar y la misma cautela.

Buck projevoval stejnou touhu po boji a stejnou opatrnost.

También rodeó a su oponente, intentando obtener la ventaja en la batalla.

Také obešel svého soupeře a snažil se získat v boji převahu.

Entonces sucedió algo inesperado y lo cambió todo.

Pak se stalo něco nečekaného a všechno se změnilo.

Ese momento retrasó la eventual lucha por el liderazgo.

Ten okamžik oddálil konečný boj o vedení.

Muchos kilómetros de camino y lucha aún nos esperaban antes del final.

Před koncem je čekalo ještě mnoho kilometrů cesty a boje.

Perrault gritó un juramento cuando un garrote impactó contra el hueso.

Perrault zaklel, když obušek narazil do kosti.

Se escuchó un agudo grito de dolor y luego el caos explotó por todas partes.

Následoval ostrý bolestný výkřik a pak všude kolem explodoval chaos.

En el campamento se movían figuras oscuras: perros esquimales salvajes, hambrientos y feroces.

V táboře se pohybovaly temné postavy; divocí huskyové, vyhladovělí a zuřiví.

Cuatro o cinco docenas de perros esquimales habían olfateado el campamento desde lejos.

Čtyři nebo pět tuctů huskyů vyčenichalo tábor už z dálky.

Se habían colado sigilosamente mientras los dos perros peleaban cerca.

Tiše se vplížili dovnitř, zatímco se opodál prali dva psi.

François y Perrault atacaron con garrotes a los invasores.

François a Perrault zaútočili a mávali obušky na vetřelce.

Los perros esquimales hambrientos mostraron los dientes y contraatacaron frenéticamente.

Hladoví huskyové ukázali zuby a zuřivě se bránili.

El olor a carne y a pan les había hecho perder todo miedo.

Vůně masa a chleba je zahnala za všechen strach.

Perrault golpeó a un perro que había enterrado su cabeza en el cajón de comida.

Perrault zbil psa, který si zabořil hlavu do krmné krabice.

El golpe fue muy fuerte y la caja se volcó, derramándose comida.

Rána byla silná, krabice se převrátila a jídlo se z ní vysypalo.

En cuestión de segundos, una veintena de bestias salvajes destrozaron el pan y la carne.

Během několika sekund se do chleba a masa rozervala spousta divokých zvířat.

Los garrotes de los hombres asestaron golpe tras golpe, pero ningún perro se apartó.

Pánské hole zasazovaly úder za úderem, ale žádný pes se neodvrátil.

Aullaron de dolor, pero lucharon hasta que no quedó comida.

Vyli bolestí, ale bojovali, dokud jim nezbylo žádné jídlo.

Mientras tanto, los perros de trineo habían saltado de sus camas nevadas.

Mezitím sáňkářští psi vyskočili ze svých zasněžených pelechů.

Fueron atacados instantáneamente por los feroces y hambrientos huskies.

Okamžitě je napadli zlí hladoví huskyové.

Buck nunca había visto criaturas tan salvajes y hambrientas antes.

Buck nikdy předtím neviděl tak divoká a vyhladovělá stvoření.

Su piel colgaba suelta, ocultando apenas sus esqueletos.

Jejich kůže visela volně a sotva skrývala jejich kostry.

Había un fuego en sus ojos, de hambre y locura.

V jejich očích byl oheň hladem a šílenstvím

No había manera de detenerlos, de resistirse a su ataque salvaje.

Nedalo se je zastavit; nedalo se odolat jejich divokému náporu.

Los perros de trineo fueron empujados hacia atrás y presionados contra la pared del acantilado.

Sáňkové psy zatlačili dozadu a přitiskli je ke stěně útesu.

Tres perros esquimales atacaron a Buck a la vez, desgarrando su carne.

Tři huskyové zaútočili na Bucka najednou a trhali mu maso.

La sangre le brotaba de la cabeza y de los hombros, donde había recibido el corte.

Z hlavy a ramen, kde byl řezán, mu stékala krev.

El ruido llenó el campamento: gruñidos, aullidos y gritos de dolor.

Hluk naplnil tábor; vrčení, štěkání a výkřiky bolesti.

Billee gritó fuerte, como siempre, atrapada en la pelea y el pánico.

Billee hlasitě plakala, jako obvykle, zasažena vším tím harmonií a panikou.

Dave y Solleks estaban uno al lado del otro, sangrando pero desafiantes.

Dave a Solleks stáli vedle sebe, krváceli, ale vzdorovitě.

Joe peleó como un demonio, mordiendo todo lo que se acercaba.

Joe bojoval jako démon a kousal všechno, co se k němu přiblížilo.

Aplastó la pata de un husky con un brutal chasquido de sus mandíbulas.

Jedním brutálním cvaknutím čelistí rozdrtil huskymu nohu.

Pike saltó sobre el husky herido y le rompió el cuello instantáneamente.

Štika skočila na zraněného huskyho a okamžitě mu zlomila vaz.

Buck agarró a un husky por el cuello y le arrancó la vena.

Buck chytil huskyho za krk a roztrhl mu žílu.

La sangre salpicó y el sabor cálido llevó a Buck al frenesí.

Krev stříkla a teplá chuť dohnala Bucka k šílenství.

Se abalanzó sobre otro atacante sin dudarlo.

Bez váhání se vrhl na dalšího útočníka.

En ese mismo momento, unos dientes afilados se clavaron en la garganta de Buck.

Ve stejném okamžiku se Buckovi do hrdla zaryly ostré zuby.

Spitz había atacado desde un costado, sin previo aviso.

Spitz udeřil ze strany, útočil bez varování.

Perrault y François habían derrotado a los perros robando la comida.

Perrault a François porazili psy, kteří kradli jídlo.

Ahora se apresuraron a ayudar a sus perros a luchar contra los atacantes.

Nyní spěchali, aby pomohli svým psům odrazit útočníky.

Los perros hambrientos se retiraron mientras los hombres blandían sus garrotes.

Hladoví psi ustupovali, když muži mávali obušky.

Buck se liberó del ataque, pero el escape fue breve.

Buck se útoku vymanil, ale útěk byl krátký.

Los hombres corrieron a salvar a sus perros, y los huskies volvieron a atacarlos.

Muži běželi zachránit své psy a huskyové se znovu vyrojili.

Billee, aterrorizado y valiente, saltó hacia la jauría de perros.

Billee, vyděšená k odvaze, skočila do smečky psů.

Pero luego huyó a través del hielo, presa del terror y el pánico.

Ale pak utekl přes led, v syrové hrůze a panice.

Pike y Dub los siguieron de cerca, corriendo para salvar sus vidas.

Pike a Dub je těsně následovali a běželi, aby si zachránili život.

El resto del equipo se separó y se dispersó, siguiéndolos.

Zbytek týmu se rozprchl a následoval je.

Buck reunió sus fuerzas para correr, pero entonces vio un destello.

Buck sebral sílu k útěku, ale pak uviděl záblesk.

Spitz se abalanzó sobre el costado de Buck, intentando derribarlo al suelo.

Spitz se vrhl na Bucka a snažil se ho srazit k zemi.

Bajo esa turba de perros esquimales, Buck no habría tenido escapatoria.

Pod tou hordou huskyů by Buck neměl úniku.

Pero Buck se mantuvo firme y se preparó para el golpe de Spitz.

Buck však stál pevně a připravoval se na Spitzův úder.

Luego se dio la vuelta y salió corriendo al hielo con el equipo que huía.

Pak se otočil a vyběhl na led s prchajícím týmem.

Más tarde, los nueve perros de trineo se reunieron al abrigo del bosque.

Později se devět spřežených psů shromáždilo v lesním úkrytu.

Ya nadie los perseguía, pero estaban maltratados y heridos.

Nikdo je už nepronásledoval, ale byli zbití a zranění.

Cada perro tenía heridas: cuatro o cinco cortes profundos en cada cuerpo.

Každý pes měl zranění; na každém těle čtyři nebo pět hlubokých řezných ran.

Dub tenía una pata trasera herida y ahora le costaba caminar.

Dub měl zraněnou zadní nohu a teď se mu těžko chodilo.

Dolly, la perrita más nueva de Dyea, tenía la garganta cortada.

Dolly, nejnovější fena z Dyea, měla podříznutý krk.

Joe había perdido un ojo y la oreja de Billee estaba cortada en pedazos.

Joe přišel o oko a Billee mělo ucho rozstříhané na kusy.

Todos los perros lloraron de dolor y derrota durante toda la noche.

Všichni psi celou noc křičeli bolestí a porážkou.

Al amanecer regresaron al campamento doloridos y destrozados.

Za úsvitu se plížili zpět do tábora, bolaví a zlomení.

Los perros esquimales habían desaparecido, pero el daño ya estaba hecho.

Huskyové zmizeli, ale škoda už byla napáchána.

Perrault y François estaban de mal humor ante las ruinas.

Perrault a François stáli nad zříceninou v nepříjemné náladě.

La mitad de la comida había desaparecido, robada por los ladrones hambrientos.
Polovina jídla byla pryč, uchvátili ji hladoví zloději.
Los perros esquimales habían destrozado las ataduras y la lona del trineo.
Huskyové protrhli vázání saní a plachtu.
Todo lo que tenía olor a comida había sido devorado por completo.
Všechno, co vonělo po jídle, bylo úplně zhltnuto.
Se comieron un par de botas de viaje de piel de alce de Perrault.
Snědli pár Perraultových cestovních bot z losí kůže.
Masticaban correas de cuero y arruinaban las correas hasta dejarlas inservibles.
Žvýkali kožené rei a ničili řemínky k nepoužitelnosti.
François dejó de mirar el látigo roto para revisar a los perros.
François přestal zírat na natrženou řasu, aby zkontroloval psy.
—Ah, amigos míos —dijo en voz baja y llena de preocupación.
„Ach, přátelé," řekl tichým hlasem plným starostí.
"Tal vez todas estas mordeduras os conviertan en bestias locas."
„Možná z vás všechna ta kousnutí udělají šílené bestie."
—¡Quizás todos sean perros rabiosos, sacredam! ¿Qué opinas, Perrault?
„Možná všichni vzteklí psi, posvátný pane! Co myslíš, Perraulte?"
Perrault meneó la cabeza; sus ojos estaban oscuros por la preocupación y el miedo.
Perrault zavrtěl hlavou, oči potemnělé znepokojením a strachem.
Todavía había cuatrocientas millas entre ellos y Dawson.
Od Dawsonu je stále dělilo čtyři sta mil.
La locura canina ahora podría destruir cualquier posibilidad de supervivencia.
Psí šílenství by teď mohlo zničit jakoukoli šanci na přežití.

Pasaron dos horas maldiciendo y tratando de arreglar el engranaje.

Strávili dvě hodiny nadávkami a snahou opravit vybavení.

El equipo herido finalmente abandonó el campamento, destrozado y derrotado.

Zraněný tým nakonec opustil tábor, zlomený a poražený.

Éste fue el camino más difícil hasta ahora y cada paso era doloroso.

Tohle byla dosud nejtěžší stezka a každý krok byl bolestivý.

El río Treinta Millas no se había congelado y su caudal corría con fuerza.

Řeka Třicet mil nezamrzla a divoce se valila.

Sólo en los lugares tranquilos y en los remolinos el hielo logró retenerse.

Led se dokázal udržet pouze v klidných místech a vířících vírech.

Pasaron seis días de duro trabajo hasta recorrer las treinta millas.

Uběhlo šest dní tvrdé práce, než byli třicet mil uraženi.

Cada kilómetro del camino traía consigo peligro y amenaza de muerte.

Každá míle stezky přinášela nebezpečí a hrozbu smrti.

Los hombres y los perros arriesgaban sus vidas con cada doloroso paso.

Muži i psi riskovali své životy s každým bolestivým krokem.

Perrault rompió delgados puentes de hielo una docena de veces diferentes.

Perrault prorazil tenké ledové mosty tucetkrát.

Llevó un palo y lo dejó caer sobre el agujero que había hecho su cuerpo.

Nesl tyč a nechal ji spadnout přes díru, kterou jeho tělo vytvořilo.

Más de una vez ese palo salvó a Perrault de ahogarse.

Tato tyč Perraulta vícekrát zachránila před utonutím.

La ola de frío se mantuvo firme y el aire estaba a cincuenta grados bajo cero.

Chladné počasí se drželo pevně, vzduch měl padesát stupňů pod nulou.

Cada vez que se caía, Perrault tenía que encender un fuego para sobrevivir.

Pokaždé, když Perrault spadl dovnitř, musel rozdělat oheň, aby přežil.

La ropa mojada se congelaba rápidamente, por lo que la secaba cerca del calor abrasador.

Mokré oblečení rychle mrzlo, a tak ho sušil poblíž spalujícího horka.

Ningún miedo afectó jamás a Perrault, y eso lo convirtió en mensajero.

Perraulta nikdy nepostihl strach, a to z něj dělalo kurýra.

Fue elegido para el peligro y lo afrontó con tranquila resolución.

Byl vybrán pro nebezpečí a čelil mu s tichým odhodláním.

Avanzó contra el viento, con el rostro arrugado y congelado.

Tlačil se dopředu proti větru, scvrklý obličej měl omrzlý.

Desde el amanecer hasta el anochecer, Perrault los condujo hacia adelante.

Od slabého úsvitu do soumraku je Perrault vedl vpřed.

Caminó sobre un estrecho borde de hielo que se agrietaba con cada paso.

Kráčel po úzkém ledovém okraji, který s každým krokem praskal.

No se atrevieron a detenerse: cada pausa suponía el riesgo de un colapso mortal.

Neodvážili se zastavit – každá pauza riskovala smrtelný kolaps.

Una vez, el trineo se abrió paso y arrastró a Dave y Buck.

Jednou se sáně protrhly a vtáhly Davea a Bucka dovnitř.

Cuando los liberaron, ambos estaban casi congelados.

Než je vytáhli na svobodu, byli oba téměř zmrzlí.

Los hombres hicieron un fuego rápidamente para mantener con vida a Buck y Dave.

Muži rychle rozdělali oheň, aby Bucka a Davea udrželi naživu.

Los perros estaban cubiertos de hielo desde la nariz hasta la cola, rígidos como madera tallada.

Psi byli od čumáku k ocasu potaženi ledem, tuhí jako vyřezávané dřevo.

Los hombres los hicieron correr en círculos cerca del fuego para descongelar sus cuerpos.

Muži s nimi kroužili u ohně, aby jim rozmrzla těla.

Se acercaron tanto a las llamas que su pelaje se quemó.

Přišli k plamenům tak blízko, že jim spálili srst.

Luego Spitz rompió el hielo y arrastró al equipo detrás de él.

Spitz prorazil led jako další a táhl za sebou tým.

La ruptura llegó hasta donde Buck estaba tirando.

Zlom sahal až k místu, kde Buck táhl.

Buck se reclinó con fuerza hacia atrás, sus patas resbalaron y temblaron en el borde.

Buck se prudce zaklonil, tlapky mu na okraji klouzaly a třásly se.

Dave también se esforzó hacia atrás, justo detrás de Buck en la línea.

Dave se také napjal dozadu, hned za Bucka na lajně.

François tiró del trineo; sus músculos crujían por el esfuerzo.

François táhl saně, svaly mu praskaly námahou.

En otra ocasión, el borde del hielo se agrietó delante y detrás del trineo.

Jindy se okrajový led praskal před a za saněmi.

No tenían otra salida que escalar una pared del acantilado congelado.

Neměli jinou cestu ven, než vylézt po zamrzlé stěně útesu.

De alguna manera Perrault logró escalar el muro; un milagro lo mantuvo con vida.

Perrault nějakým způsobem přelezl zeď; zázrak ho udržel naživu.

François se quedó abajo, rezando por tener la misma suerte.

François zůstal dole a modlil se za stejné štěstí.

Ataron todas las correas, amarres y tirantes hasta formar una cuerda larga.

Svázali každý popruh, šňůru a provaz do jednoho dlouhého lana.

Los hombres subieron cada perro, uno a uno, hasta la cima.

Muži vytahovali každého psa nahoru, jednoho po druhém.

François subió el último, después del trineo y toda la carga.

François lezl poslední, po saních a celém nákladu.

Entonces comenzó una larga búsqueda de un camino para bajar de los acantilados.

Pak začalo dlouhé hledání cesty dolů z útesů.

Finalmente descendieron usando la misma cuerda que habían hecho.

Nakonec sestoupili po stejném lanu, které si sami vyrobili.

La noche cayó cuando regresaron al lecho del río, exhaustos y doloridos.

Když se vyčerpaní a bolaví, padla noc.

El día completo les había proporcionado sólo un cuarto de milla de ganancia.

Trvalo jim celý den, než urazili pouhou čtvrt míle.

Cuando llegaron a Hootalinqua, Buck estaba agotado.

Než dorazili k Hootalinquě, Buck byl vyčerpaný.

Los demás perros sufrieron igual de mal las condiciones del sendero.

Ostatní psi trpěli stejně těžce podmínkami na stezce.

Pero Perrault necesitaba recuperar tiempo y los presionaba cada día.

Perrault ale potřeboval získat zpět čas a každý den je tlačil dál.

El primer día viajaron treinta millas hasta Big Salmon.

První den cestovali třicet mil do Big Salmonu.

Al día siguiente viajaron treinta y cinco millas hasta Little Salmon.

Následujícího dne cestovali třicet pět mil do Little Salmonu.

Al tercer día avanzaron a través de cuarenta largas y heladas millas.

Třetího dne se prodrali dlouhými čtyřiceti kilometry zmrzlých vod.

Para entonces, se estaban acercando al asentamiento de Five Fingers.

V té době se blížili k osadě Five Fingers.

Los pies de Buck eran más suaves que los duros pies de los huskies nativos.
Buckovy nohy byly měkčí než tvrdé nohy původních huskyů.

Sus patas se habían vuelto tiernas a lo largo de muchas generaciones civilizadas.
Jeho tlapky během mnoha civilizovaných generací zcitlivěly.

Hace mucho tiempo, sus antepasados habían sido domesticados por hombres del río o cazadores.
Kdysi dávno byli jeho předkové ochočeni říčními muži nebo lovci.

Todos los días Buck cojeaba de dolor, caminando sobre sus patas doloridas y en carne viva.
Buck každý den kulhal bolestí a chodil po odřených, bolavých tlapkách.

En el campamento, Buck cayó como un cuerpo sin vida sobre la nieve.
V táboře se Buck zhroutil na sníh jako bezvládné tělo.

Aunque estaba hambriento, Buck no se levantó a comer su cena.
Přestože Buck hladověl, nevstal, aby snědl večeři.

François le trajo a Buck su ración, poniendo pescado junto a su hocico.
François přinesl Buckovi jeho příděl jídla a položil mu rybu k čenichu.

Cada noche, el conductor frotaba los pies de Buck durante media hora.
Každou noc řidič půl hodiny třel Buckovi nohy.

François incluso cortó sus propios mocasines para hacer calzado para perros.
François si dokonce nastříhal vlastní mokasíny, aby si z nich vyrobil psí boty.

Cuatro zapatos cálidos le dieron a Buck un gran y bienvenido alivio.
Čtyři teplé boty poskytly Buckovi velkou a vítanou úlevu.

Una mañana, François olvidó los zapatos y Buck se negó a levantarse.

Jednoho rána si François zapomněl boty a Buck se odmítl vstát.

Buck yacía de espaldas, con los pies en el aire, agitándolos lastimeramente.

Buck ležel na zádech s nohama ve vzduchu a žalostně s nimi mával.

Incluso Perrault sonrió al ver la dramática súplica de Buck.

Dokonce i Perrault se při pohledu na Buckovu dramatickou prosbu ušklíbl.

Pronto los pies de Buck se endurecieron y los zapatos pudieron desecharse.

Buckovi brzy ztvrdly nohy a boty mohl vyhodit.

En Pelly, durante el periodo de uso del arnés, Dolly emitió un aullido terrible.

V Pelly, během zapřažení, Dolly vydala strašlivý výkřik.

El grito fue largo y lleno de locura, sacudiendo a todos los perros.

Křik byl dlouhý a plný šílenství, otřásal každým psem.

Cada perro se erizaba de miedo sin saber el motivo.

Každý pes se zježil strachy, aniž by věděl proč.

Dolly se volvió loca y se arrojó directamente hacia Buck.

Dolly se zbláznila a vrhla se přímo na Bucka.

Buck nunca había visto la locura, pero el horror llenó su corazón.

Buck nikdy neviděl šílenství, ale hrůza naplnila jeho srdce.

Sin pensarlo, se dio la vuelta y huyó presa del pánico absoluto.

Bez přemýšlení se otočil a v naprosté panice utekl.

Dolly lo persiguió con los ojos desorbitados y la saliva saliendo de sus mandíbulas.

Dolly ho pronásledovala s divokým pohledem a slinami, které jí stékaly z čelistí.

Ella se mantuvo justo detrás de Buck, sin ganar terreno ni quedarse atrás.

Držela se těsně za Buckem, nikdy ho nedoháněla ani neustupovala.

Buck corrió a través del bosque, bajó por la isla y cruzó el hielo irregular.

Buck běžel lesem, dolů po ostrově, přes rozeklaný led.

Cruzó hacia una isla, luego hacia otra, dando la vuelta nuevamente hasta el río.

Přešel k jednomu ostrovu, pak k dalšímu a vrátil se k řece.

Aún así Dolly lo persiguió, con su gruñido detrás de cada paso.

Dolly ho stále pronásledovala a vrčení se ozývalo těsně za ním na každém kroku.

Buck podía oír su respiración y su rabia, aunque no se atrevía a mirar atrás.

Buck slyšel její dech a vztek, i když se neodvážil ohlédnout.

François gritó desde lejos y Buck se giró hacia la voz.

François zakřičel z dálky a Buck se otočil za hlasem.

Todavía jadeando en busca de aire, Buck pasó corriendo, poniendo toda su esperanza en François.

Buck stále lapal po dechu a proběhl kolem a vkládal veškerou naději ve Françoise.

El conductor del perro levantó un hacha y esperó mientras Buck pasaba volando.

Psí jezdec zvedl sekeru a čekal, až Buck proletí kolem.

El hacha cayó rápidamente y golpeó la cabeza de Dolly con una fuerza mortal.

Sekera se rychle snesla a udeřila Dolly do hlavy smrtící silou.

Buck se desplomó cerca del trineo, jadeando e incapaz de moverse.

Buck se zhroutil poblíž saní, sípal a nebyl schopen se pohnout.

Ese momento le dio a Spitz la oportunidad de golpear a un enemigo exhausto.

V tom okamžiku měl Spitz šanci zasáhnout vyčerpaného nepřítele.

Mordió a Buck dos veces, desgarrando la carne hasta el hueso blanco.

Dvakrát kousl Bucka a roztrhal mu maso až k bílé kosti.

El látigo de François hizo chasquear el látigo y golpeó a Spitz con toda su fuerza y furia.

Françoisův bič praskl a udeřil Spitze plnou, zuřivou silou.

Buck observó con alegría cómo Spitz recibía la paliza más dura que había recibido hasta entonces.

Buck s radostí sledoval, jak Spitz dostával svůj dosud nejkrutější výprask.

"Es un demonio ese Spitz", murmuró Perrault para sí mismo.

„Je to ďábel, ten Spitz," zamumlal si Perrault temně pro sebe.

"Algún día, ese maldito perro matará a Buck, lo juro".

„Jednoho dne brzy ten prokletý pes zabije Bucka – přísahám."

—Ese Buck tiene dos demonios dentro —respondió François asintiendo.

„Ten Buck má v sobě dva ďábly," odpověděl François s kývnutím hlavy.

"Cuando veo a Buck, sé que algo feroz le aguarda dentro".

„Když se dívám na Bucka, vím, že v něm čeká něco zuřivého."

"Un día se pondrá furioso y destrozará a Spitz".

„Jednoho dne se rozzuří jako oheň a roztrhá Špice na kusy."

"Masticará a ese perro y lo escupirá en la nieve congelada".

„Toho psa rozkouše a vyplivne ho na zmrzlý sníh."

"Estoy seguro de que lo sé en lo más profundo de mi ser".

„Jasně že to vím, hluboko v kostech."

A partir de ese momento los dos perros quedaron en guerra.

Od té chvíle byli oba psi uvězněni ve válce.

Spitz lideró al equipo y mantuvo el poder, pero Buck lo desafió.

Spitz vedl tým a držel moc, ale Buck to zpochybnil.

Spitz vio su rango amenazado por este extraño extraño de Southland.

Spitz viděl, jak tento podivný cizinec z Jihu ohrožuje jeho hodnost.

Buck no se parecía a ningún otro perro sureño que Spitz hubiera conocido antes.

Buck se nepodobal žádnému jižanskému psu, kterého Spitz předtím znal.

La mayoría de ellos fracasaron: eran demasiado débiles para sobrevivir al frío y al hambre.

Většina z nich selhala – byli příliš slabí na to, aby přežili zimu a hlad.

Murieron rápidamente bajo el trabajo, las heladas y el lento ardor del hambre.

Rychle umírali v práci, mrazu a pomalém hoření hladomoru.

Buck se destacó: cada día más fuerte, más inteligente y más salvaje.

Buck vyčníval – silnější, chytřejší a každý den divočejší.

Prosperó a pesar de las dificultades y creció hasta alcanzar el nivel de los perros esquimales del norte.

Dařilo se mu v útrapách a vyrostl tak, aby se vyrovnal severním huskyům.

Buck tenía fuerza, habilidad salvaje y un instinto paciente y mortal.

Buck měl sílu, divokou dovednost a trpělivý, smrtící instinkt.

El hombre con el garrote había golpeado la temeridad de Buck.

Muž s kyjem z Bucka vymlátil ukvapenost.

La furia ciega desapareció y fue reemplazada por una astucia silenciosa y control.

Slepá zuřivost byla pryč, nahrazena tichou lstí a sebeovládáním.

Esperó, tranquilo y primario, observando el momento adecuado.

Čekal, klidný a prapůvodní, vyhlížel ten správný okamžik.

Su lucha por el mando se hizo inevitable y clara.

Jejich boj o velení se stal nevyhnutelným a jasným.

Buck deseaba el liderazgo porque su espíritu lo exigía.

Buck toužil po vůdcovství, protože si to vyžadoval jeho duch.

Lo impulsaba el extraño orgullo nacido del camino y del arnés.

Poháněla ho zvláštní hrdost zrozená z cesty a postroje.

Ese orgullo hizo que los perros tiraran hasta caer sobre la nieve.

Ta hrdost nutila psy táhnout, dokud se nezhroutili do sněhu.

El orgullo los llevó a dar toda la fuerza que tenían.

Pýcha je lákala k tomu, aby vydali veškerou sílu, kterou měli.

El orgullo puede atraer a un perro de trineo incluso hasta el punto de la muerte.

Pýcha dokáže sáňkového psa zlákat až k smrti.

La pérdida del arnés dejó a los perros rotos y sin propósito.

Ztráta postroje zanechala psy zlomené a bez smyslu.

El corazón de un perro de trineo puede quedar aplastado por la vergüenza cuando se retira.

Srdce tažného psa může být zdrceno studem, když odejde do důchodu.

Dave vivió con ese orgullo mientras arrastraba el trineo desde atrás.

Dave žil z této hrdosti, když táhl saně zezadu.

Solleks también lo dio todo con fuerza y lealtad.

I Solleks ze sebe vydal všechno s ponurou silou a loajalitou.

Cada mañana, el orgullo los transformaba de amargados a decididos.

Každé ráno je hrdost proměňovala z hořkosti v odhodlání.

Empujaron todo el día y luego se quedaron en silencio al final del campamento.

Celý den se tlačili a pak na konci tábora ztichli.

Ese orgullo le dio a Spitz la fuerza para poner a raya a los evasores.

Tato hrdost dala Spitzovi sílu dohnat ty, co se vyhýbají trestu.

Spitz temía a Buck porque Buck tenía ese mismo orgullo profundo.

Spitz se Bucka bál, protože Buck v sobě nesl stejnou hlubokou hrdost.

El orgullo de Buck ahora se agitó contra Spitz, y no se detuvo.

Buckova hrdost se nyní vzbouřila proti Spitzovi a on se nezastavil.

Buck desafió el poder de Spitz y le impidió castigar a los perros.

Buck se vzepřel Spitzově moci a zabránil mu v trestání psů.

Cuando otros fallaron, Buck se interpuso entre ellos y su líder.

Když jiní selhali, Buck se postavil mezi ně a jejich vůdce.

Lo hizo con intención, dejando claro y abierto su desafío.

Udělal to záměrně, svou výzvu dal jasně a otevřeně najevo.

Una noche, una fuerte nevada cubrió el mundo con un profundo silencio.

Jedné noci hustý sníh zahalil svět hlubokým tichem.

A la mañana siguiente, Pike, perezoso como siempre, no se levantó para ir a trabajar.

Druhý den ráno Pike, líný jako vždy, nevstal do práce.

Se quedó escondido en su nido bajo una gruesa capa de nieve.

Zůstal schovaný ve svém hnízdě pod silnou vrstvou sněhu.

François gritó y buscó, pero no pudo encontrar al perro.

François zavolal a hledal, ale psa nenašel.

Spitz se puso furioso y atravesó furioso el campamento cubierto de nieve.

Spitz se rozzuřil a vtrhl do zasněženého tábora.

Gruñó y olfateó, cavando frenéticamente con ojos llameantes.

Vrčel a čichal a zuřivě kopal planoucíma očima.

Su rabia era tan feroz que Pike tembló de miedo bajo la nieve.

Jeho vztek byl tak prudký, že se Štika strachy třásla pod sněhem.

Cuando finalmente encontraron a Pike, Spitz se abalanzó sobre él para castigar al perro que estaba escondido.

Když byl Pike konečně nalezen, Spitz se vrhl na schovávajícího se psa, aby ho potrestal.

Pero Buck saltó entre ellos con una furia igual a la de Spitz.

Buck se ale mezi ně vrhl s vztekem, který se rovnal Spitzově vlastnímu.

El ataque fue tan repentino e inteligente que Spitz cayó al suelo.

Útok byl tak náhlý a chytrý, že Spitz spadl z nohou.

Pike, que estaba temblando, se animó ante este desafío.

Pike, který se celý třásl, se z tohoto vzdoru povzbudil.

Saltó sobre el Spitz caído, siguiendo el audaz ejemplo de Buck.

Skočil na padlého Špice a následoval Buckova odvážného příkladu.

Buck, que ya no estaba obligado por la justicia, se unió a la huelga de Spitz.

Buck, kterého už nevázala spravedlnost, se připojil ke stávce na Spitzi.

François, divertido pero firme en su disciplina, blandió su pesado látigo.

François, pobavený, ale zároveň neústupný v kázni, švihl těžkým bičem.

Golpeó a Buck con todas sus fuerzas para acabar con la pelea.

Udeřil Bucka vší silou, aby rvačku ukončil.

Buck se negó a moverse y se quedó encima del líder caído.

Buck se odmítl pohnout a zůstal na spadlém vůdci.

François entonces utilizó el mango del látigo y golpeó con fuerza a Buck.

François pak použil rukojeť biče a silně udeřil Bucka.

Tambaleándose por el golpe, Buck cayó hacia atrás bajo el asalto.

Buck se pod úderem zapotácel a pod útokem se zhroutil.

François golpeó una y otra vez mientras Spitz castigaba a Pike.

François udeřil znovu a znovu, zatímco Spitz trestal Pikea.

Pasaron los días y Dawson City estaba cada vez más cerca.

Dny plynuly a Dawson City se stále více přibližovalo.

Buck seguía interfiriendo, interponiéndose entre Spitz y otros perros.

Buck se pořád plel a vmísil se mezi Spitze a ostatní psy.

Elegía bien sus momentos, esperando siempre que François se marchase.

Dobře si vybíral chvíle, vždycky čekal, až François odejde.

La rebelión silenciosa de Buck se extendió y el desorden se arraigó en el equipo.

Buckova tichá vzpoura se šířila a v týmu se zakořenil chaos.

Dave y Solleks se mantuvieron leales, pero otros se volvieron rebeldes.

Dave a Solleks zůstali věrní, ale jiní se stali neposlušnými.

El equipo empeoró: se volvió inquieto, pendenciero y fuera de lugar.

Tým se zhoršoval – byl neklidný, hádavý a vybočoval z latě.

Ya nada funcionaba con fluidez y las peleas se volvieron algo habitual.

Nic už nefungovalo hladce a rvačky se staly běžnou záležitostí.

Buck permaneció en el corazón del problema, provocando siempre malestar.

Buck zůstával v centru dění a neustále vyvolával nepokoje.

François se mantuvo alerta, temeroso de la pelea entre Buck y Spitz.

François zůstal ve střehu, protože se bál rvačky mezi Buckem a Spitzem.

Cada noche, las peleas lo despertaban, temiendo que finalmente llegara el comienzo.

Každou noc ho budily rvačky, protože se bál, že konečně nastal začátek.

Saltó de su túnica, dispuesto a detener la pelea.

Vyskočil ze svého roucha, připravený přerušit rvačku.

Pero el momento nunca llegó y finalmente llegaron a Dawson.

Ale ta chvíle nikdy nenastala a konečně dorazili do Dawsonu.

El equipo entró en la ciudad una tarde sombría, tensa y silenciosa.

Tým vjel do města jednoho pochmurného odpoledne, napjatý a tichý.

La gran batalla por el liderazgo todavía estaba suspendida en el aire.

Velká bitva o vedení stále visela ve vzduchu.

Dawson estaba lleno de hombres y perros de trineo, todos ocupados con el trabajo.

Dawson byl plný mužů a spřežení, všichni byli zaneprázdněni prací.

Buck observó a los perros tirar cargas desde la mañana hasta la noche.

Buck sledoval, jak psi tahájí břemena od rána do večera.

Transportaban troncos y leña y transportaban suministros a las minas.

Odváželi klády a palivové dříví, přepravovali zásoby do dolů.

Donde antes trabajaban los caballos en las tierras del sur, ahora trabajaban los perros.

Tam, kde kdysi na Jihu pracovali koně, nyní dřeli psi.

Buck vio algunos perros del sur, pero la mayoría eran huskies parecidos a lobos.

Buck viděl několik psů z jihu, ale většina z nich byli vlčí huskyové.

Por la noche, como un reloj, los perros alzaban sus voces cantando.

V noci, jako hodinky, psi zvyšovali hlasy v písni.

A las nueve, a las doce y de nuevo a las tres, empezó el canto.

V devět, o půlnoci a znovu ve tři začal zpěv.

A Buck le encantaba unirse a su canto misterioso, de sonido salvaje y antiguo.

Buck se s oblibou přidával k jejich tajemnému zpěvu, divokému a starobylému.

La aurora llameó, las estrellas bailaron y la nieve cubrió la tierra.

Polární záře plápolala, hvězdy tančily a zemi pokrýval sníh.

El canto de los perros se elevó como un grito contra el silencio y el frío intenso.

Psí zpěv se ozval jako křik proti tichu a kruté zimě.

Pero su aullido contenía tristeza, no desafío, en cada larga nota.

Ale v každém dlouhém tónu jejich vytí byl smutek, ne vzdor.

Cada grito lamentable estaba lleno de súplica: el peso de la vida misma.

Každý kvílivý výkřik byl plný proseb; břemeno samotného života.

Esa canción era vieja, más vieja que las ciudades y más vieja que los incendios.

Ta píseň byla stará – starší než města a starší než požáry

Aquella canción era más antigua incluso que las voces de los hombres.

Ta píseň byla dokonce starší než lidské hlasy.

Era una canción del mundo joven, cuando todas las canciones eran tristes.

Byla to píseň z mladého světa, kdy všechny písně byly smutné.

La canción transportaba el dolor de incontables generaciones de perros.

Píseň nesla smutek nesčetných generací psů.

Buck sintió la melodía profundamente, gimiendo por un dolor arraigado en los siglos.

Buck tu melodii hluboce procítil a sténal bolestí zakořeněnou ve věcích.

Sollozaba por un dolor tan antiguo como la sangre salvaje en sus venas.

Vzlykal zármutkem starým jako divoká krev v jeho žilách.

El frío, la oscuridad y el misterio tocaron el alma de Buck.

Chlad, tma a tajemno se dotkly Buckovy duše.

Esa canción demostró hasta qué punto Buck había regresado a sus orígenes.

Ta píseň dokázala, jak hluboko se Buck vrátil ke svým kořenům.

Entre la nieve y los aullidos había encontrado el comienzo de su propia vida.

Skrze sníh a vytí našel začátek svého vlastního života.

Siete días después de llegar a Dawson, partieron nuevamente.

Sedm dní po příjezdu do Dawsonu se znovu vydali na cestu.

El equipo descendió del cuartel hasta el sendero Yukon.

Tým klesl z kasáren dolů na Yukonskou stezku.

Comenzaron el viaje de regreso hacia Dyea y Salt Water.

Vydali se na cestu zpět k Dyea a Salt Water.

Perrault llevaba despachos aún más urgentes que antes.

Perrault nosil ještě naléhavější zásilky než dříve.

También se sintió dominado por el orgullo por el sendero y se propuso establecer un récord.

Také ho pohltila hrdost na traily a jeho cílem bylo vytvořit rekord.

Esta vez, varias ventajas estaban del lado de Perrault.

Tentokrát bylo několik výhod na Perraultově straně.

Los perros habían descansado durante una semana entera y recuperaron su fuerza.

Psi odpočívali celý týden a nabrali zpět sílu.

El camino que ellos habían abierto ahora estaba compactado por otros.

Stezka, kterou prošlapali, byla nyní udupaná ostatními.

En algunos lugares, la policía había almacenado comida tanto para perros como para hombres.

Na některých místech měla policie uskladněné jídlo pro psy i muže.

Perrault viajaba ligero, moviéndose rápido y con poco que lo pesara.

Perrault cestoval nalehko, pohyboval se rychle a s malým množstvím věcí, které by ho tížily.

Llegaron a Sixty-Mile, un recorrido de cincuenta millas, en la primera noche.

První noc dorazili na Sixty-Mile, což byl běh dlouhý padesát mil.

El segundo día, se apresuraron a subir por el Yukón hacia Pelly.

Druhého dne se řítili po Yukonu směrem k Pelly.

Pero estos grandes avances implicaron un gran esfuerzo para François.

Ale takový skvělý pokrok s sebou pro Françoise nesl velké úsilí.

La rebelión silenciosa de Buck había destrozado la disciplina del equipo.

Buckova tichá vzpoura narušila disciplínu v týmu.
Ya no tiraban juntos como una sola bestia bajo las riendas.
Už netáhli za jeden provaz jako jedna bestie v otěžích.
Buck había llevado a otros al desafío mediante su valiente ejemplo.
Buck svým odvážným příkladem vedl ostatní k odporu.
La orden de Spitz ya no fue recibida con miedo ni respeto.
Spitzův rozkaz se již nesetkával se strachem ani respektem.
Los demás perdieron el respeto que le tenían y se atrevieron a resistirse a su gobierno.
Ostatní ztratili k němu úctu a odvážili se vzdorovat jeho vládě.
Una noche, Pike robó medio pescado y se lo comió bajo la mirada de Buck.
Jednou v noci Pike ukradl půlku ryby a snědl ji Buckovi přímo pod jeho okem.
Otra noche, Dub y Joe pelearon contra Spitz y quedaron impunes.
Další noc se Dub a Joe poprali se Spitzem a zůstali bez trestu.
Incluso Billee se quejó con menos dulzura y mostró una nueva agudeza.
Dokonce i Billee kňučela méně sladce a projevila novou bystrost.
Buck le gruñó a Spitz cada vez que se cruzaban.
Buck na Spitze vrčel pokaždé, když se zkřížili.
La actitud de Buck se volvió audaz y amenazante, casi como la de un matón.
Buckův postoj se stal troufalým a hrozivým, skoro jako u tyrana.
Caminó delante de Spitz con arrogancia, lleno de amenaza burlona.
S chvástavým výrazem plným posměšné hrozby přecházel před Spitzem.
Ese colapso del orden se extendió también entre los perros de trineo.
Toto zhroucení pořádku se rozšířilo i mezi saňovými psy.

Pelearon y discutieron más que nunca, llenando el campamento de ruido.

Hádali se a hádali víc než kdy dřív, a tábor naplňovali hlukem.

La vida en el campamento se convertía cada noche en un caos salvaje y aullante.

Život v táboře se každou noc měnil v divoký, kvílivý chaos.

Sólo Dave y Solleks permanecieron firmes y concentrados.

Pouze Dave a Solleks zůstali stabilní a soustředění.

Pero incluso ellos se enojaron por las peleas constantes.

Ale i oni se kvůli neustálým rvačkám rozčílili.

François maldijo en lenguas extrañas y pisoteó con frustración.

François zaklel v podivných jazycích a frustrovaně dupal.

Se tiró del pelo y gritó mientras la nieve volaba bajo sus pies.

Rval si vlasy a křičel, zatímco pod nohama létal sníh.

Su látigo azotó a la manada, pero apenas logró mantenerlos bajo control.

Jeho bič šlehl přes smečku, ale sotva je udržel v řadě.

Cada vez que él le daba la espalda, la lucha estallaba de nuevo.

Kdykoli se otočil zády, boj se znovu rozpoutal.

François utilizó el látigo para azotar a Spitz, mientras Buck lideraba a los rebeldes.

François použil bič pro Spitze, zatímco Buck vedl rebely.

Cada uno conocía el papel del otro, pero Buck evitó cualquier culpa.

Každý znal roli toho druhého, ale Buck se jakémukoli obviňování vyhýbal.

François nunca sorprendió a Buck iniciando una pelea o eludiendo su trabajo.

François nikdy nepřistihl Bucka při tom, jak by začínal rvačku nebo se vyhýbal své práci.

Buck trabajó duro con el arnés; el trabajo ahora emocionaba su espíritu.

Buck tvrdě pracoval v postroji – dřina teď vzrušovala jeho ducha.

Pero encontró aún más alegría al provocar peleas y caos en el campamento.

Ale ještě větší radost nacházel v rozdmýchávání rvaček a chaosu v táboře.

Una noche, en la desembocadura del Tahkeena, Dub asustó a un conejo.

Jednoho večera u Tahkeeniných úst Dub vyplašil králíka.

Falló el tiro y el conejo con raquetas de nieve saltó lejos.

Nechytil ho a králík na sněžnicích odskočil pryč.

En cuestión de segundos, todo el equipo de trineo los persiguió con gritos salvajes.

Během několika sekund se celé spřežení s divokým křikem dalo do pronásledování.

Cerca de allí, un campamento de la Policía del Noroeste albergaba cincuenta perros husky.

Nedaleko se v táboře severozápadní policie nacházelo padesát psů husky.

Se unieron a la caza y navegaron juntos por el río helado.

Připojili se k lovu a společně se řítili po zamrzlé řece.

El conejo se desvió del río y huyó hacia el lecho congelado del arroyo.

Králík odbočil z řeky a utíkal zamrzlým korytem potoka.

El conejo saltaba suavemente sobre la nieve mientras los perros se abrían paso con dificultad.

Králík lehce poskakoval po sněhu, zatímco se psi prodírali sněhem.

Buck lideró la enorme manada de sesenta perros en cada curva.

Buck vedl obrovskou smečku šedesáti psů každou klikatou zatáčkou.

Avanzó lentamente y con entusiasmo, pero no pudo ganar terreno.

Tlačil se vpřed, nízko a dychtivě, ale nemohl se prosadit.

Su cuerpo brillaba bajo la pálida luna con cada poderoso salto.

Jeho tělo se s každým silným skokem mihlo v bledém měsíci.

Más adelante, el conejo se movía como un fantasma, silencioso y demasiado rápido para atraparlo.

Před nimi se králík pohyboval jako duch, tichý a příliš rychlý, než aby ho bylo možné chytit.

Todos esos viejos instintos —el hambre, la emoción— se apoderaron de Buck.

Všechny ty staré instinkty – hlad, vzrušení – projely Buckem.

Los humanos a veces sienten este instinto y se ven impulsados a cazar con armas de fuego y balas.

Lidé tento instinkt občas pociťují, jsou hnáni k lovu s puškou a kulkou.

Pero Buck sintió este sentimiento a un nivel más profundo y personal.

Buck ale tento pocit cítil na hlubší a osobnější úrovni.

No podían sentir lo salvaje en su sangre como Buck podía sentirlo.

Nedokázali cítit divočinu ve své krvi tak, jak ji cítil Buck.

Persiguió carne viva, dispuesto a matar con los dientes y saborear la sangre.

Honil živé maso, připravený zabíjet zuby a ochutnávat krev.

Su cuerpo se tensó de alegría, queriendo bañarse en la cálida vida roja.

Jeho tělo se napínalo radostí a touhou se vykoupat v teplé rudé vodě života.

Una extraña alegría marca el punto más alto que la vida puede alcanzar.

Zvláštní radost označuje nejvyšší bod, kterého může život kdy dosáhnout.

La sensación de una cima donde los vivos olvidan que están vivos.

Pocit vrcholu, kde živí zapomínají, že vůbec žijí.

Esta alegría profunda conmueve al artista perdido en una inspiración ardiente.

Tato hluboká radost se dotýká umělce ztraceného v planoucí inspiraci.

Esta alegría se apodera del soldado que lucha salvajemente y no perdona a ningún enemigo.

Tato radost zmocňuje vojáka, který bojuje divoce a nešetří žádného nepřítele.

Esta alegría ahora se apoderó de Buck mientras lideraba la manada con hambre primaria.

Tato radost nyní zachvátila Bucka, který vedl smečku v prvotním hladu.

Aulló con el antiguo grito del lobo, emocionado por la persecución en vida.

Vyl starodávným vlčím řevem, vzrušený živou honičkou.

Buck recurrió a la parte más antigua de sí mismo, perdida en la naturaleza.

Buck se napojil na nejstarší část sebe sama, ztracenou v divočině.

Llegó a lo más profundo, más allá de la memoria, al tiempo crudo y antiguo.

Sáhl hluboko do svého nitra, za hranice paměti, do syrového, dávného času.

Una ola de vida pura recorrió cada músculo y tendón.

Vlna čistého života projela každým svalem a šlachou.

Cada salto gritaba que vivía, que avanzaba a través de la muerte.

Každý skok křičel, že žije, že se pohybuje skrze smrt.

Su cuerpo se elevaba alegremente sobre una tierra quieta y fría que nunca se movía.

Jeho tělo se radostně vznášelo nad tichou, chladnou zemí, která se ani nepohnula.

Spitz se mantuvo frío y astuto, incluso en sus momentos más salvajes.

Spitz zůstával chladnokrevný a lstivý, a to i v těch nejdivočejších chvílích.

Dejó el sendero y cruzó el terreno donde el arroyo se curvaba ampliamente.

Opustil stezku a přešel pozemek, kde se potok široce stáčel.

Buck, sin darse cuenta de esto, permaneció en el sinuoso camino del conejo.

Buck, nevědom si toho, zůstal na klikaté králíčí cestě.

Entonces, cuando Buck dobló una curva, el conejo fantasmal estaba frente a él.

Pak, když Buck zahnul za zatáčku, objevil se před ním králík podobný duchu.

Vio una segunda figura saltar desde la orilla delante de la presa.

Viděl druhou postavu, jak vyskočila z břehu před kořistí.

La figura era Spitz, aterrizando justo en el camino del conejo que huía.

Tou postavou byl Spitz, který přistál přímo v cestě prchajícímu králíkovi.

El conejo no pudo girar y se encontró con las fauces de Spitz en el aire.

Králík se nemohl otočit a ve vzduchu se setkal se Spitzovými čelistmi.

La columna vertebral del conejo se rompió con un chillido tan agudo como el grito de un humano moribundo.

Králíkovi se zlomila páteř s výkřikem ostrým jako pláč umírajícího člověka.

Ante ese sonido, la caída de la vida a la muerte, la manada aulló fuerte.

Při tom zvuku – pádu ze života do smrti – smečka hlasitě zavyla.

Un coro salvaje se elevó detrás de Buck, lleno de oscuro deleite.

Z Buckových zády se ozval divoký sbor plný temné radosti.

Buck no emitió ningún grito ni sonido y se lanzó directamente hacia Spitz.

Buck nevydal ani výkřik, ani hlásku a vrhl se přímo na Spitze.

Apuntó a la garganta, pero en lugar de eso golpeó el hombro.

Mířil na krk, ale místo toho se trefil do ramene.

Cayeron sobre la nieve blanda; sus cuerpos trabados en combate.

Propadali se měkkým sněhem; jejich těla se sevřela v boji.

Spitz se levantó rápidamente, como si nunca lo hubieran derribado.

Spitz rychle vyskočil, jako by ho nikdo nesrazil.

Cortó el hombro de Buck y luego saltó para alejarse de la pelea.

Sekl Buckovi do ramene a pak seskočil z boje.

Sus dientes chasquearon dos veces como trampas de acero y sus labios se curvaron y fueron feroces.

Dvakrát mu cvakly zuby jako ocelové pasti, rty se zkřivily a byly zuřivé.

Retrocedió lentamente, buscando terreno firme bajo sus pies.

Pomalu couval a hledal pevnou půdu pod nohama.

Buck comprendió el momento instantánea y completamente.

Buck pochopil tu chvíli okamžitě a plně.

Había llegado el momento; la lucha iba a ser una lucha a muerte.

Nastal čas; boj se měl konat na život a na smrt.

Los dos perros daban vueltas, gruñendo, con las orejas planas y los ojos entrecerrados.

Dva psi kroužili kolem, vrčeli, uši stáhly a oči zúžené.

Cada perro esperaba que el otro mostrara debilidad o un paso en falso.

Každý pes čekal, až ten druhý projeví slabost nebo udělá chybný krok.

Para Buck, la escena era inquietantemente conocida y recordada profundamente.

Buckovi se ta scéna zdála zlověstně známá a hluboce vzpomínaná.

El bosque blanco, la tierra fría, la batalla bajo la luz de la luna.

Bílé lesy, studená země, bitva za měsíčního svitu.

Un pesado silencio llenó la tierra, profundo y antinatural.

Krajinu naplnilo těžké ticho, hluboké a nepřirozené.

Ningún viento se agitó, ninguna hoja se movió, ningún sonido rompió la quietud.

Ani vítr se nepohnul, žádný list se nepohnul, žádný zvuk nenarušil ticho.

El aliento de los perros se elevaba como humo en el aire helado y silencioso.

Psí dech stoupal v mrazivém, tichém vzduchu jako kouř.

El conejo fue olvidado hace mucho tiempo por la manada de bestias salvajes.

Králík byl smečkou divokých zvířat dávno zapomenut.

Estos lobos medio domesticados ahora permanecían quietos formando un amplio círculo.

Tito napůl zkrocení vlci nyní stáli nehybně v širokém kruhu.

Estaban en silencio, sólo sus ojos brillantes revelaban su hambre.

Byli tiší, jen jejich zářící oči prozrazovaly jejich hlad.

Su respiración se elevó mientras observaban cómo comenzaba la pelea final.

Zatajili dech a sledovali začátek závěrečného boje.

Para Buck, esta batalla era vieja y esperada, nada extraña.

Pro Bucka byla tato bitva stará a očekávaná, vůbec ne divná.

Parecía el recuerdo de algo que siempre estuvo destinado a suceder.

Připadalo mi to jako vzpomínka na něco, co se mělo vždycky stát.

Spitz era un perro de pelea entrenado, perfeccionado por innumerables peleas salvajes.

Špic byl vycvičený bojový pes, zdokonalený nesčetnými divokými rvačkami.

Desde Spitzbergen hasta Canadá, había vencido a muchos enemigos.

Od Špicberk až po Kanadu si porazil mnoho nepřátel.

Estaba lleno de furia, pero nunca dejó controlar la rabia.

Byl plný vzteku, ale nikdy se nedal ovládnout.

Su pasión era aguda, pero siempre templada por un duro instinto.

Jeho vášeň byla bystrá, ale vždycky ji tlumil tvrdý instinkt.

Nunca atacó hasta que su propia defensa estuvo en su lugar.

Nikdy neútočil, dokud si nebyl připraven sám se bránit.

Buck intentó una y otra vez alcanzar el vulnerable cuello de Spitz.

Buck se znovu a znovu pokoušel dosáhnout na Spitzův zranitelný krk.

Pero cada golpe era correspondido con un corte de los afilados dientes de Spitz.

Ale každý úder se setkal s prudkým seknutím Spitzových ostrých zubů.

Sus colmillos chocaron y ambos perros sangraron por los labios desgarrados.

Jejich tesáky se střetly a oběma psům tekla krev z roztržených rtů.

No importaba cuánto se lanzara Buck, no podía romper la defensa.

Ať se Buck vrhal jakkoli, nedokázal obranu prolomit.

Se puso más furioso y se abalanzó con salvajes ráfagas de poder.

Zuřil čím dál víc a vrhal se do toho s divokými výbuchy síly.

Una y otra vez, Buck atacó la garganta blanca de Spitz.

Buck znovu a znovu útočil na Špicovo bílé hrdlo.

Cada vez que Spitz esquivaba el ataque, contraatacaba con un mordisco cortante.

Spitz se pokaždé vyhnul a udeřil zpět ostrým kousnutím.

Entonces Buck cambió de táctica y se abalanzó nuevamente hacia la garganta.

Pak Buck změnil taktiku a znovu se vrhl, jako by mu chtěl sevřít po krku.

Pero él retrocedió a mitad del ataque y se giró para atacar desde un costado.

Ale uprostřed útoku se stáhl a otočil se k úderu ze strany.

Le lanzó el hombro a Spitz con la intención de derribarlo.

Ramenem narazil do Spitze s cílem ho srazit k zemi.

Cada vez que lo intentaba, Spitz lo esquivaba y contraatacaba con un corte.

Pokaždé, když se o to pokusil, Spitz se vyhnul a kontroval seknutím.

El hombro de Buck se enrojeció cuando Spitz saltó después de cada golpe.

Bucka bolelo rameno, když Spitz po každém zásahu odskočil.

Spitz no había sido tocado, mientras que Buck sangraba por muchas heridas.

Spitze se nikdo nedotkl, zatímco Buck krvácel z mnoha ran.

La respiración de Buck era rápida y pesada y su cuerpo estaba cubierto de sangre.

Buck lapal po dechu rychle a těžce, tělo měl kluzké od krve.

La pelea se volvió más brutal con cada mordisco y embestida.

Souboj se s každým kousnutím a útokem stával brutálnějším.

A su alrededor, sesenta perros silenciosos esperaban que cayera el primero.

Kolem nich šedesát tichých psů čekalo, až padnou první.

Si un perro caía, la manada terminaría la pelea.

Pokud by jeden pes upadl, smečka by boj dokončila.

Spitz vio que Buck se estaba debilitando y comenzó a presionar para atacar.

Spitz viděl, jak Buck slábne, a začal tlačit do útoku.

Mantuvo a Buck fuera de equilibrio, obligándolo a luchar para mantener el equilibrio.

Zvedl Bucka z rovnováhy a donutil ho bojovat o stabilitu.

Una vez Buck tropezó y cayó, y todos los perros se levantaron.

Jednou Buck zakopl a upadl a všichni psi vstali.

Pero Buck se enderezó a mitad de la caída y todos volvieron a caer.

Ale Buck se v polovině pádu vzpamatoval a všichni se zase snesli dolů.

Buck tenía algo poco común: una imaginación nacida de un instinto profundo.

Buck měl něco vzácného – představivost zrozenou z hlubokého instinktu.

Peleó con impulso natural, pero también peleó con astucia.

Bojoval s přirozeným pudem, ale bojoval také s lstí.

Cargó de nuevo como si repitiera su truco de ataque con el hombro.

Znovu se vrhl do útoku, jako by opakoval svůj trik s útokem ramenem.

Pero en el último segundo, se agachó y pasó por debajo de Spitz.

Ale v poslední vteřině se snesl nízko a proplétal se pod Spitzem.

Sus dientes se clavaron en la pata delantera izquierda de Spitz con un chasquido.

Jeho zuby se s cvaknutím zaryly do Spitzovy přední levé nohy.

Spitz ahora estaba inestable, con su peso sobre sólo tres patas.

Spitz teď stál nejistě, opíraje se pouze o tři nohy.

Buck atacó de nuevo e intentó derribarlo tres veces.

Buck znovu udeřil a třikrát se ho pokusil srazit k zemi.

En el cuarto intento utilizó el mismo movimiento con éxito.

Na čtvrtý pokus úspěšně použil stejný tah.

Esta vez Buck logró morder la pata derecha de Spitz.

Tentokrát se Buckovi podařilo kousnout Spitzovi do pravé nohy.

Spitz, aunque lisiado y en agonía, siguió luchando por sobrevivir.

Spitz, ačkoli byl zmrzačený a trpěl bolestmi, se stále snažil přežít.

Vio que el círculo de huskies se estrechaba, con las lenguas afuera y los ojos brillantes.

Viděl, jak se kruh huskyů stahuje, vyplazené jazyky a zářící oči.

Esperaron para devorarlo, tal como habían hecho con los otros.

Čekali, aby ho mohli pohltit, stejně jako to udělali s ostatními.

Esta vez, él estaba en el centro; derrotado y condenado.

Tentokrát stál uprostřed; poražený a odsouzený k záhubě.

Ya no había opción de escapar para el perro blanco.

Bílý pes teď neměl jinou možnost útěku.

Buck no mostró piedad, porque la piedad no pertenecía a la naturaleza.

Buck neprojevoval žádné slitování, neboť slitování do divočiny nepatří.

Buck se movió con cuidado, preparándose para la carga final.

Buck se opatrně pohyboval a připravoval se na závěrečný útok.

El círculo de perros esquimales se cerró; sintió sus respiraciones cálidas.

Kruh huskyů se sevřel; cítil jejich teplý dech.

Se agacharon, preparados para saltar cuando llegara el momento.

Schoulili se, připraveni skočit, až přijde ta správná chvíle.

Spitz temblaba en la nieve, gruñendo y cambiando su postura.

Spitz se třásl ve sněhu, vrčel a měnil postoj.

Sus ojos brillaban, sus labios se curvaron y sus dientes brillaron en una amenaza desesperada.

Jeho oči zářily, rty byly zkřivené a zuby se blýskaly zoufalou hrozbou.

Se tambaleó, todavía intentando contener el frío mordisco de la muerte.

Zavrávoral a stále se snažil zadržet chladný kousnutí smrti.

Ya había visto esto antes, pero siempre desde el lado ganador.

Už tohle viděl dřív, ale vždycky z vítězné strany.

Ahora estaba en el bando perdedor; el derrotado; la presa; la muerte.

Teď byl na straně poražených; poražených; kořisti; smrti.

Buck voló en círculos para asestar el golpe final, mientras el círculo de perros se acercaba cada vez más.

Buck kroužil k poslednímu úderu, kruh psů se přiblížil.

Podía sentir sus respiraciones calientes; listas para matar.

Cítil jejich horký dech; připraveni zabít.

Se hizo un silencio absoluto, todo estaba en su lugar, el tiempo se había detenido.

Nastalo ticho; všechno bylo na svém místě; čas se zastavil.

Incluso el aire frío entre ellos se congeló por un último momento.

Dokonce i studený vzduch mezi nimi na poslední okamžik ztuhl.

Sólo Spitz se movió, intentando contener su amargo final.

Pohyboval se jen Spitz a snažil se oddálit svůj hořký konec.

El círculo de perros se iba cerrando a su alrededor, tal como era su destino.

Kruh psů se kolem něj svíral, stejně jako jeho osud.

Ahora estaba desesperado, sabiendo lo que estaba a punto de suceder.

Byl teď zoufalý, věděl, co se stane.

Buck saltó y hombro con hombro chocó una última vez.

Buck vskočil dovnitř a naposledy se ramenem setkal.

Los perros se lanzaron hacia adelante, cubriendo a Spitz en la oscuridad nevada.

Psi se vrhli vpřed a zakryli Spitze v zasněžené tmě.

Buck observaba, erguido, vencedor en un mundo salvaje.

Buck se díval, stojící vzpřímeně; vítěz v divokém světě.

La bestia primordial dominante había cometido su asesinato, y fue bueno.

Dominantní prvotní bestie ulovila kořist a bylo to dobré.

Aquel que ha alcanzado la maestría
Ten, kdo dosáhl mistrovství

¿Eh? ¿Qué dije? Digo la verdad cuando digo que Buck es un demonio.

„Eh? Co jsem to říkal? Mluvím pravdu, když říkám, že Buck je ďábel."

François dijo esto a la mañana siguiente después de descubrir que Spitz había desaparecido.

François to řekl následující ráno poté, co zjistil, že Spitz zmizel.

Buck permaneció allí, cubierto de heridas por la feroz pelea.

Buck tam stál, pokrytý ranami z nelítostného boje.

François acercó a Buck al fuego y señaló las heridas.

François přitáhl Bucka k ohni a ukázal na zranění.

"Ese Spitz peleó como Devik", dijo Perrault, mirando los profundos cortes.

„Ten Spitz bojoval jako Devik," řekl Perrault a prohlížel si hluboké rány.

—Y ese Buck peleó como dos demonios —respondió François inmediatamente.

„A ten Buck se pral jako dva ďáblové," odpověděl François okamžitě.

"Ahora iremos a buen ritmo; no más Spitz, no más problemas".

„Teď už to zvládneme dobře; už žádný Spitz, žádné další potíže."

Perrault estaba empacando el equipo y cargando el trineo con cuidado.

Perrault balil vybavení a opatrně nakládal saně.

François enjaezó a los perros para prepararlos para la carrera del día.

François postrojil psy a připravil je na dnešní běh.

Buck trotó directamente a la posición de liderazgo que alguna vez ocupó Spitz.

Buck klusal rovnou na vedoucí pozici, kterou dříve držel Spitz.

Pero François, sin darse cuenta, condujo a Solleks hacia el frente.

Ale François si toho nevšiml a vedl Sollekse dopředu.

A juicio de François, Solleks era ahora el mejor perro guía.

Podle Françoisova úsudku byl Solleks nyní nejlepším vodicím psem.

Buck se abalanzó furioso sobre Solleks y lo hizo retroceder en protesta.

Buck se na Solleksa rozzuřeně vrhl a na protest ho zatlačil zpět.

Se situó en el mismo lugar que una vez estuvo Spitz, ocupando la posición de liderazgo.

Stál tam, kde kdysi stál Spitz, a nárokoval si vedoucí pozici.

—¿Eh? ¿Eh? —gritó François, dándose palmadas en los muslos, divertido.

„Cože? Cože?" zvolal François a pobaveně se plácal po stehnech.

—Mira a Buck. Mató a Spitz y ahora quiere aceptar el trabajo.

„Podívejte se na Bucka – zabil Spitze a teď chce vzít tu práci!"

—¡Vete, Chook! —gritó, intentando ahuyentar a Buck.

„Jdi pryč, Chooku!" křičel a snažil se Bucka odehnat.

Pero Buck se negó a moverse y se mantuvo firme en la nieve.

Ale Buck se odmítl pohnout a pevně stál ve sněhu.

François agarró a Buck por la nuca y lo arrastró a un lado.

François chytil Bucka za kůži a odtáhl ho stranou.

Buck gruñó bajo y amenazante, pero no atacó.

Buck tiše a výhružně zavrčel, ale nezaútočil.

François puso a Solleks de nuevo en cabeza, intentando resolver la disputa.

François dostal Solleks zpět do vedení a snažil se urovnat spor.

El perro viejo mostró miedo de Buck y no quería quedarse.

Starý pes projevoval strach z Bucka a nechtěl zůstat.

Cuando François le dio la espalda, Buck expulsó nuevamente a Solleks.

Když se François otočil zády, Buck Solleksa znovu vyhnal.

Solleks no se resistió y se hizo a un lado silenciosamente una vez más.

Solleks se nebránil a tiše znovu ustoupil stranou.

François se enojó y gritó: "¡Por Dios, te arreglo!"

François se rozzlobil a vykřikl: „Při Bohu, já tě vyléčím!"

Se acercó a Buck sosteniendo un pesado garrote en su mano.

Přistoupil k Buckovi a v ruce držel těžký kyj.

Buck recordaba bien al hombre del suéter rojo.

Buck si muže v červeném svetru dobře pamatoval.

Se retiró lentamente, observando a François, pero gruñendo profundamente.

Pomalu ustupoval, pozoroval Françoise, ale hluboce vrčel.

No se apresuró a regresar, incluso cuando Solleks ocupó su lugar.

Nespěchal zpět, ani když Solleks stál na jeho místě.

Buck voló en círculos fuera de su alcance, gruñendo con furia y protesta.

Buck kroužil těsně mimo jejich dosah a vrčel vzteky a protestem.

Mantuvo la vista fija en el palo, dispuesto a esquivarlo si François lanzaba.

Nepřetržitě sledoval hůl, připravený uhnout, kdyby François hodil.

Se había vuelto sabio y cauteloso en cuanto a las costumbres de los hombres con armas.

Zmoudřel a zpozorněl, co se týče způsobů ozbrojených mužů.

François se dio por vencido y llamó a Buck nuevamente a su antiguo lugar.

François to vzdal a znovu zavolal Bucka na své dřívější místo.

Pero Buck retrocedió con cautela, negándose a obedecer la orden.

Buck ale opatrně ustoupil a odmítl uposlechnout rozkaz.

François lo siguió, pero Buck sólo retrocedió unos pasos más.

François ho následoval, ale Buck ustoupil jen o pár kroků.

Después de un tiempo, François arrojó el arma al suelo, frustrado.

Po nějaké době François ve frustraci odhodil zbraň.

Pensó que Buck tenía miedo de que le dieran una paliza y que iba a venir sin hacer mucho ruido.

Myslel si, že se Buck bojí výprasku a že přijde potichu.

Pero Buck no estaba evitando el castigo: estaba luchando por su rango.

Buck se ale trestu nevyhýbal – bojoval o hodnost.

Se había ganado el puesto de perro líder mediante una pelea a muerte.

Místo vůdčího psa si vysloužil bojem na život a na smrt.

No iba a conformarse con nada menos que ser el líder.

Nehodlán se spokojit s ničím menším než s tím, že bude vůdcem.

Perrault participó en la persecución para ayudar a atrapar al rebelde Buck.

Perrault se zapojil do honičky, aby pomohl chytit vzpurného Bucka.

Juntos lo hicieron correr alrededor del campamento durante casi una hora.

Společně ho téměř hodinu vodili po táboře.

Le lanzaron garrotes, pero Buck los esquivó hábilmente.

Házeli po něm kyje, ale Buck se každé z nich obratně vyhnul.

Lo maldijeron a él, a sus padres, a sus descendientes y a cada cabello que tenía.

Prokleli jeho, jeho předky, jeho potomky a každý jeho vlas.

Pero Buck sólo gruñó y se quedó fuera de su alcance.

Ale Buck jen zavrčel a držel se těsně mimo jejich dosah.

Nunca intentó huir, sino que rodeó el campamento deliberadamente.

Nikdy se nepokusil utéct, ale úmyslně tábor kroužil.

Dejó claro que obedecería una vez que le dieran lo que quería.

Dal jasně najevo, že poslechne, jakmile mu dají, co chce.

François finalmente se sentó y se rascó la cabeza con frustración.

François se konečně posadil a frustrovaně se poškrábal na hlavě.

Perrault miró su reloj, maldijo y murmuró algo sobre el tiempo perdido.

Perrault se podíval na hodinky, zaklel a zamumlal si něco o ztraceném čase.

Ya había pasado una hora cuando debían estar en el sendero.

Už uplynula hodina, kdy měli být na stezce.

François se encogió de hombros tímidamente y miró al mensajero, quien suspiró derrotado.

François ostýchavě pokrčil rameny směrem k kurýrovi, který si porážečně povzdechl.

Entonces François se acercó a Solleks y llamó a Buck una vez más.

Pak François přešel k Solleksovi a znovu zavolal na Bucka.

Buck se rió como se ríe un perro, pero mantuvo una distancia cautelosa.

Buck se smál jako pes, ale držel si opatrný odstup.

François le quitó el arnés a Solleks y lo devolvió a su lugar.

François sundal Solleksovi postroj a vrátil ho na jeho místo.

El equipo de trineo estaba completamente arneses y solo había un lugar libre.

Spřežení stálo plně zapřažené, jen jedno místo bylo neobsazené.

La posición de liderazgo quedó vacía, claramente destinada solo para Buck.

Vedoucí pozice zůstala prázdná, zjevně určená pouze pro Bucka.

François volvió a llamar, y nuevamente Buck rió y se mantuvo firme.

François zavolal znovu a Buck se znovu zasmál a stál na svém.

—Tira el garrote —ordenó Perrault sin dudarlo.

„Hoďte klackem dolů," nařídil Perrault bez váhání.

François obedeció y Buck inmediatamente trotó hacia adelante orgulloso.

François poslechl a Buck okamžitě hrdě vyklusal vpřed.

Se rió triunfante y asumió la posición de líder.

Vítězně se zasmál a zaujal vedoucí pozici.

François aseguró sus correajes y el trineo se soltó.

François si zajistil stopy a sáně se uvolnily.

Ambos hombres corrieron al lado del equipo mientras corrían hacia el sendero del río.

Oba muži běželi vedle nich, když se tým hnal na stezku podél řeky.

François tenía en alta estima a los "dos demonios" de Buck.

François si Buckových „dvou ďáblů" vážil.

Pero pronto se dio cuenta de que en realidad había subestimado al perro.

ale brzy si uvědomil, že psa ve skutečnosti podcenil.

Buck asumió rápidamente el liderazgo y trabajó con excelencia.

Buck se rychle ujal vedení a podával vynikající výkony.

En juicio, pensamiento rápido y acción veloz, Buck superó a Spitz.

V úsudku, rychlém myšlení a rychlé akci Buck Spitze předčil.

François nunca había visto un perro igual al que Buck mostraba ahora.

François nikdy neviděl psa rovného tomu, jakého teď Buck předváděl.

Pero Buck realmente sobresalía en imponer el orden e imponer respeto.

Buck ale skutečně vynikal v prosazování pořádku a vzbuzování respektu.

Dave y Solleks aceptaron el cambio sin preocupación ni protesta.

Dave a Solleks změnu přijali bez obav a protestů.

Se concentraron únicamente en el trabajo y en tirar con fuerza de las riendas.

Soustředili se jen na práci a tvrdě tahali za otěže.

A ellos les importaba poco quién iba delante, siempre y cuando el trineo siguiera moviéndose.

Moc jim nezáleželo na tom, kdo vede, hlavně aby se sáně pohybovaly.

Billee, la alegre, podría haber liderado todo lo que a ellos les importaba.

Billee, ta veselá, mohla vést, ať jim bylo cokoliv.

Lo que les importaba era la paz y el orden en las filas.

Záleželo jim na klidu a pořádku v řadách.

El resto del equipo se había vuelto rebelde durante la decadencia de Spitz.

Zbytek týmu se během Spitzova úpadku stal neposlušným.

Se sorprendieron cuando Buck inmediatamente los puso en orden.

Byli šokováni, když je Buck okamžitě uvedl do pořádku.

Pike siempre había sido perezoso y arrastraba los pies detrás de Buck.

Pike byl vždycky líný a vlekl se za Buckem.

Pero ahora el nuevo liderazgo lo ha disciplinado severamente.

Ale nyní byl novým vedením ostře potrestán.

Y rápidamente aprendió a aportar su granito de arena en el equipo.

A rychle se naučil v týmu hrát klíčovou roli.

Al final del día, Pike trabajó más duro que nunca.

Na konci dne Pike pracoval tvrději než kdy jindy.

Esa noche en el campamento, Joe, el perro amargado, finalmente fue sometido.

Té noci v táboře byl Joe, ten kyselý pes, konečně zkrocen.

Spitz no logró disciplinarlo, pero Buck no falló.

Spitz ho nedokázal potrestat, ale Buck nezklamal.

Utilizando su mayor peso, Buck superó a Joe en segundos.

Buck využil své větší váhy a během několika sekund Joea přemohl.

Mordió y golpeó a Joe hasta que gimió y dejó de resistirse.

Kousal a tloukl Joea, dokud nezakňoural a nepřestal se bránit.

Todo el equipo mejoró a partir de ese momento.

Celý tým se od té chvíle zlepšil.

Los perros recuperaron su antigua unidad y disciplina.

Psi znovu získali svou starou jednotu a disciplínu.

En Rink Rapids, se unieron dos nuevos huskies nativos, Teek y Koona.

V Rink Rapids se připojili dva noví původní huskyové, Teek a Koona.

El rápido entrenamiento que Buck les dio sorprendió incluso a François.

Buckův rychlý výcvik ohromil i Françoise.

"¡Nunca hubo un perro como ese Buck!" gritó con asombro.

„Nikdy tu nebyl takový pes jako tenhle Buck!" zvolal s úžasem.

¡No, jamás! ¡Vale mil dólares, por Dios!

„Ne, nikdy! Vždyť má hodnotu tisíc dolarů, proboha!"

—¿Eh? ¿Qué dices, Perrault? —preguntó con orgullo.

„Cože? Co říkáte, Perraulte?" zeptal se s hrdostí.

Perrault asintió en señal de acuerdo y revisó sus notas.

Perrault souhlasně přikývl a zkontroloval si poznámky.

Ya vamos por delante del cronograma y ganamos más cada día.

Už teď předbíháme plán a každý den získáváme další.

El sendero estaba duro y liso, sin nieve fresca.

Stezka byla zpevněná a hladká, bez čerstvého sněhu.

El frío era constante, rondando los cincuenta grados bajo cero durante todo el tiempo.

Chlad byl stálý a po celou dobu se pohyboval kolem padesáti stupňů pod nulou.

Los hombres cabalgaban y corrían por turnos para entrar en calor y ganar tiempo.

Muži se střídali v jízdě a běhu, aby se zahřáli a udělali si čas.

Los perros corrían rápido, con pocas paradas y siempre avanzando.

Psi běželi rychle s několika málo zastávkami a neustále se tlačili vpřed.

El río Thirty Mile estaba casi congelado y era fácil cruzarlo.

Řeka Třicet mil byla většinou zamrzlá a snadno se přes ni dalo cestovat.

Salieron en un día lo que habían tardado diez días en llegar.

Odešli během jednoho dne, zatímco příjezd jim trval deset dní.

Hicieron una carrera de sesenta millas desde el lago Le Barge hasta White Horse.

Urazili šedesát mil od jezera Le Barge k Bílému koni.

A través de los lagos Marsh, Tagish y Bennett se movieron increíblemente rápido.

Přes jezera Marsh, Tagish a Bennett se pohybovali neuvěřitelně rychle.

El hombre corriendo remolcado detrás del trineo por una cuerda.

Běžící muž táhl saně na laně.

En la última noche de la segunda semana llegaron a su destino.

Poslední noc druhého týdne dorazili do cíle.

Habían llegado juntos a la cima del Paso Blanco.

Společně dosáhli vrcholu Bílého průsmyku.

Descendieron al nivel del mar con las luces de Skaguay debajo de ellos.

Klesli na hladinu moře se světly Skaguaye pod sebou.

Había sido una carrera que estableció un récord a través de kilómetros de desierto frío.

Byl to rekordní běh napříč kilometry chladné divočiny.

Durante catorce días seguidos, recorrieron un promedio de cuarenta millas.

Čtrnáct dní v kuse urazili v průměru silných šedesát mil.

En Skaguay, Perrault y François transportaban mercancías por la ciudad.

Ve Skaguay přepravovali Perrault a François náklad městem.

Fueron aplaudidos y la multitud admirada les ofreció muchas bebidas.

Obdivující davy je povzbuzovaly a nabízely jim mnoho nápojů.

Los cazadores de perros y los trabajadores se reunieron alrededor del famoso equipo de perros.

Lovci psů a pracovníci se shromáždili kolem slavného psího spřežení.

Luego, los forajidos del oeste llegaron a la ciudad y sufrieron una derrota violenta.

Pak do města přišli západní zločinci a utrpěli tuhou porážku.

La gente pronto se olvidó del equipo y se centró en un nuevo drama.

Lidé brzy zapomněli na tým a soustředili se na nové drama.

Luego vinieron las nuevas órdenes que cambiaron todo de golpe.

Pak přišly nové rozkazy, které všechno najednou změnily.

François llamó a Buck y lo abrazó con orgullo entre lágrimas.

François si k sobě zavolal Bucka a s hrdostí, která se mu do očí do očí, ho objal.

Ese momento fue la última vez que Buck volvió a ver a François.

V tom okamžiku Buck Françoise viděl naposledy.

Como muchos hombres antes, tanto François como Perrault se habían ido.

Stejně jako mnoho mužů předtím, i François i Perrault byli pryč.

Un mestizo escocés se hizo cargo de Buck y sus compañeros de equipo de perros de trineo.

Skotský míšenec se ujal vedení Bucka a jeho kolegů ze psího spřežení.

Con una docena de otros equipos de perros, regresaron por el sendero hasta Dawson.

S tuctem dalších psích spřežení se vrátili po stezce do Dawsonu.

Ya no era una carrera rápida, solo un trabajo duro con una carga pesada cada día.

Teď to nebyl žádný rychlý běh – jen těžká dřina s těžkým nákladem každý den.

Éste era el tren correo que llevaba noticias a los buscadores de oro cerca del Polo.

Toto byl poštovní vlak, který přivážel zprávy lovcům zlata blízko pólu.

A Buck no le gustaba el trabajo, pero lo soportaba bien y se enorgullecía de su esfuerzo.

Buck tu práci neměl rád, ale snášel ji dobře a byl na svou snahu hrdý.

Al igual que Dave y Solleks, Buck mostró devoción por cada tarea diaria.

Stejně jako Dave a Solleks, i Buck projevoval oddanost každému každodennímu úkolu.

Se aseguró de que cada uno de sus compañeros hiciera su parte.

Ujistil se, že každý z jeho spoluhráčů odvedl svou práci.

La vida en el sendero se volvió aburrida, repetida con la precisión de una máquina.

Život na stezkách se stal nudným, opakujícím se s přesností stroje.

Cada día parecía igual, una mañana se fundía con la siguiente.

Každý den se zdál stejný, jedno ráno splývalo s dalším.

A la misma hora, los cocineros se levantaron para hacer fogatas y preparar la comida.

Ve stejnou hodinu vstali kuchaři, aby rozdělali oheň a připravili jídlo.

Después del desayuno, algunos abandonaron el campamento mientras otros enjaezaron los perros.

Po snídani někteří opustili tábor, zatímco jiní zapřahli psy.

Se pusieron en marcha antes de que la tenue señal del amanecer tocara el cielo.

Vydali se na stezku dříve, než se oblohy dotklo slabé varování před úsvitem.

Por la noche se detenían para acampar, cada hombre con una tarea determinada.

V noci se zastavili, aby si postavili tábor, každý muž s pevně stanovenou povinností.

Algunos montaron tiendas de campaña, otros cortaron leña y recogieron ramas de pino.

Někteří stavěli stany, jiní káceli dříví a sbírali borové větve.

Se llevaba agua o hielo a los cocineros para la cena.

Na večeři se kuchařům nosila voda nebo led.

Los perros fueron alimentados y esta fue la mejor parte del día para ellos.

Psi byli nakrmeni a tohle pro ně byla nejlepší část dne.

Después de comer pescado, los perros se relajaron y descansaron cerca del fuego.

Poté, co snědli rybu, si psi odpočinuli a lenošili u ohně.

Había otros cien perros en el convoy con los que mezclarse.

V konvoji bylo dalších sto psů, se kterými se dalo vmísit.

Muchos de esos perros eran feroces y rápidos para pelear sin previo aviso.

Mnoho z těchto psů bylo divokých a rychlých do boje bez varování.

Pero después de tres victorias, Buck dominó incluso a los luchadores más feroces.

Ale po třech vítězstvích Buck zvládl i ty nejzuřivější bojovníky.

Cuando Buck gruñó y mostró los dientes, se hicieron a un lado.

Když Buck zavrčel a ukázal zuby, ustoupili stranou.

Quizás lo mejor de todo es que a Buck le encantaba tumbarse cerca de la fogata parpadeante.

Snad ze všeho nejvíc Buck miloval ležení u mihotavého ohně.

Se agachó con las patas traseras dobladas y las patas delanteras estiradas hacia adelante.

Dřepěl se se zastrčenými zadními nohami a nataženými předními vpřed.

Levantó la cabeza mientras parpadeaba suavemente ante las llamas brillantes.

Zvedl hlavu a tiše zamrkal na zářící plameny.

A veces recordaba la gran casa del juez Miller en Santa Clara.

Někdy si vzpomínal na velký dům soudce Millera v Santa Claře.

Pensó en la piscina de cemento, en Ysabel y en el pug llamado Toots.

Myslel na betonový bazén, na Ysabel a mopse jménem Toots.

Pero más a menudo recordaba el garrote del hombre del suéter rojo.

Ale častěji si vzpomínal na muže s kyjem v červeném svetru.

Recordó la muerte de Curly y su feroz batalla con Spitz.

Vzpomněl si na Kudrnatýho smrt a jeho zuřivý boj se Spitzem.

También recordó la buena comida que había comido o con la que aún soñaba.

Také si vzpomněl na dobré jídlo, které jedl nebo o kterém stále snil.

Buck no sentía nostalgia: el cálido valle era distante e irreal.

Buckovi se nestýskalo po domově – teplé údolí bylo vzdálené a neskutečné.

Los recuerdos de California ya no ejercían ninguna atracción sobre él.

Vzpomínky na Kalifornii ho už žádnou skutečnou přitažlivost neměly.

Más fuertes que la memoria eran los instintos profundos en su linaje.

Silnější než paměť byly instinkty hluboko v jeho krevní linii.

Los hábitos que una vez se habían perdido habían regresado, revividos por el camino y la naturaleza.

Zvyky kdysi ztracené se vrátily, oživené stezkou a divočinou.

Mientras Buck observaba la luz del fuego, a veces se convertía en otra cosa.

Když Buck pozoroval světlo ohně, občas se to stávalo něčím jiným.

Vio a la luz del fuego otro fuego, más antiguo y más profundo que el actual.

Ve světle ohně spatřil další oheň, starší a hlubší než ten současný.

Junto a ese otro fuego se agazapaba un hombre que no se parecía en nada al cocinero mestizo.

Vedle toho druhého ohně se krčil muž, nepodobný míšenému kuchaři.

Esta figura tenía piernas cortas, brazos largos y músculos duros y anudados.

Tato postava měla krátké nohy, dlouhé paže a pevné, zauzlené svaly.

Su cabello era largo y enmarañado, y caía hacia atrás desde los ojos.

Jeho vlasy byly dlouhé a zacuchané, splývavé od očí.

Hizo ruidos extraños y miró con miedo hacia la oscuridad.
Vydával zvláštní zvuky a s hrůzou zíral do tmy.
Sostenía agachado un garrote de piedra, firmemente agarrado con su mano larga y áspera.
V dlouhé drsné ruce pevně svíral kamennou kyj nízko.
El hombre vestía poco: sólo una piel carbonizada que le colgaba por la espalda.
Muž měl na sobě jen málo věcí; jen spálenou kůži, která mu visela po zádech.
Su cuerpo estaba cubierto de espeso vello en los brazos, el pecho y los muslos.
Jeho tělo bylo pokryto hustými chlupy na pažích, hrudi a stehnech.
Algunas partes del cabello estaban enredadas en parches de pelaje áspero.
Některé části vlasů byly zacuchané do chomáčků drsné srsti.
No se mantenía erguido, sino inclinado hacia delante desde las caderas hasta las rodillas.
Nestál rovně, ale předkloněný od boků ke kolenům.
Sus pasos eran elásticos y felinos, como si estuviera siempre dispuesto a saltar.
Jeho kroky byly pružné a kočičí, jako by byl vždy připraven ke skoku.
Había un estado de alerta agudo, como si viviera con miedo constante.
Byla v něm silná bdělost, jako by žil v neustálém strachu.
Este hombre anciano parecía esperar el peligro, ya sea que lo viera o no.
Zdálo se, že tento starý muž očekává nebezpečí, ať už ho viděl, nebo ne.
A veces, el hombre peludo dormía junto al fuego, con la cabeza metida entre las piernas.
Chlupatý muž občas spal u ohně s hlavou schovanou mezi nohama.
Sus codos descansaban sobre sus rodillas, sus manos entrelazadas sobre su cabeza.
Lokty měl opřené o kolena, ruce sepjaté nad hlavou.

Como un perro, usó sus brazos peludos para protegerse de la lluvia que caía.

Jako pes používal své chlupaté paže, aby se zbavil padajícího deště.

Más allá de la luz del fuego, Buck vio dos brasas brillando en la oscuridad.

Za světlem ohně Buck uviděl ve tmě dva žhnoucí uhlíky.

Siempre de dos en dos, eran los ojos de las bestias rapaces al acecho.

Vždy dva po dvou, byly to oči číhajících dravých zvířat.

Escuchó cuerpos chocando contra la maleza y ruidos en la noche.

Slyšel těla padající křovím a zvuky vydávané v noci.

Acostado en la orilla del Yukón, parpadeando, Buck soñaba junto al fuego.

Buck ležel na břehu Yukonu a mrkal u ohně a snil.

Las vistas y los sonidos de ese mundo salvaje le ponían los pelos de punta.

Z pohledu a zvuků toho divokého světa se mu ježily vlasy.

El pelaje se le subió por la espalda, los hombros y el cuello.

Srst se mu zježila po zádech, ramenou a krku.

Él gimió suavemente o emitió un gruñido bajo y profundo en su pecho.

Tiše kňučel nebo hluboko v hrudi tiše zavrčel.

Entonces el cocinero mestizo gritó: "¡Oye, Buck, despierta!"

Pak míšenec kuchař vykřikl: „Hej, ty Bucku, vstávej!"

El mundo de los sueños desapareció y la vida real regresó a los ojos de Buck.

Svět snů zmizel a Buckovi se do očí vrátil skutečný život.

Iba a levantarse, estirarse y bostezar, como si acabara de despertar de una siesta.

Chystal se vstát, protáhnout se a zívnout, jako by se probudil ze zdřímnutí.

El viaje fue duro, con el trineo del correo arrastrándose detrás de ellos.

Cesta byla namáhavá, poštovní saně se vlekly za nimi.

Las cargas pesadas y el trabajo duro agotaban a los perros cada largo día.

Těžké náklady a namáhavá práce psy každý dlouhý den vyčerpávaly.

Llegaron a Dawson delgados, cansados y necesitando más de una semana de descanso.

Do Dawsonu dorazili vyhublí, unavení a potřebovali si odpočinout přes týden.

Pero sólo dos días después, emprendieron nuevamente el descenso por el Yukón.

Ale pouhé dva dny později se znovu vydali dolů po Yukonu.

Estaban cargados con más cartas destinadas al mundo exterior.

Byli naloženi dalšími dopisy směřujícími do vnějšího světa.

Los perros estaban exhaustos y los hombres se quejaban constantemente.

Psi byli vyčerpaní a muži si neustále stěžovali.

La nieve caía todos los días, suavizando el camino y ralentizando los trineos.

Sníh padal každý den, změkčoval stezku a zpomaloval saně.

Esto provocó que el tirón fuera más difícil y hubo más resistencia para los corredores.

To vedlo k tvrdšímu tahání a většímu odporu běžců.

A pesar de eso, los pilotos fueron justos y se preocuparon por sus equipos.

Navzdory tomu byli jezdci féroví a starali se o své týmy.

Cada noche, los perros eran alimentados antes de que los hombres pudieran comer.

Každý večer byli psi nakrmeni, než se k jídlu dostali muži.

Ningún hombre duerme sin antes revisar las patas de su propio perro.

Žádný člověk nespal, než zkontroloval tlapky svého vlastního psa.

Aún así, los perros se fueron debilitando a medida que los kilómetros iban desgastando sus cuerpos.

Psi však s ubývajícími kilometry slábli.

Habían viajado mil ochocientas millas durante el invierno.

Během zimy urazili osmnáct set mil.

Tiraron de trineos a lo largo de cada milla de esa brutal distancia.

Táhli saně přes každou míli té nelítostné vzdálenosti.

Incluso los perros de trineo más resistentes sienten tensión después de tantos kilómetros.

I ti nejtvrdší saňoví psi cítí po tolika kilometrech zátěž.

Buck aguantó, mantuvo a su equipo trabajando y mantuvo la disciplina.

Buck se držel, udržoval svůj tým v chodu a udržoval disciplínu.

Pero Buck estaba cansado, al igual que los demás en el largo viaje.

Ale Buck byl unavený, stejně jako ostatní na dlouhé cestě.

Billee gemía y lloraba mientras dormía todas las noches sin falta.

Billee každou noc bez výjimky kňučel a plakal ve spánku.

Joe se volvió aún más amargado y Solleks se mantuvo frío y distante.

Joe se ještě více zahořkl a Solleks zůstal chladný a odtažitý.

Pero fue Dave quien sufrió más de todo el equipo.

Ale byl to Dave, kdo z celého týmu trpěl nejhůře.

Algo había ido mal dentro de él, aunque nadie sabía qué.

Něco se v něm dělo špatně, i když nikdo nevěděl co.

Se volvió más malhumorado y les gritaba a los demás con creciente enojo.

Stával se mrzutějším a s rostoucím hněvem na ostatní napadal.

Cada noche iba directo a su nido, esperando ser alimentado.

Každou noc šel rovnou do svého hnízda a čekal na krmení.

Una vez que cayó, Dave no se levantó hasta la mañana.

Jakmile byl Dave dole, nevstal až do rána.

En las riendas, tirones o arranques repentinos le hacían gritar de dolor.

Náhlé trhnutí nebo trhnutí otěží ho donutilo vykřiknout bolestí.

Su conductor buscó la causa, pero no encontró heridos.

Jeho řidič pátral po příčině, ale nenašel u něj žádné zranění.

Todos los conductores comenzaron a observar a Dave y discutieron su caso.

Všichni řidiči začali Davea pozorovat a probírali jeho případ.

Hablaron durante las comidas y durante el último cigarrillo del día.

Povídali si u jídla a během poslední cigarety dne.

Una noche tuvieron una reunión y llevaron a Dave al fuego.

Jednou v noci uspořádali schůzi a přivedli Davea k ohni.

Le apretaron y le palparon el cuerpo, y él gritaba a menudo.

Tlačili a zkoumali jeho tělo a on často křičel.

Estaba claro que algo iba mal, aunque no parecía haber ningún hueso roto.

Bylo jasné, že něco není v pořádku, i když se zdálo, že žádná kost není zlomená.

Cuando llegaron a Cassiar Bar, Dave se estaba cayendo.

Než dorazili k Cassiar Baru, Dave už padal.

El mestizo escocés pidió un alto y eliminó a Dave del equipo.

Skotský míšenec zastavil tým a vyloučil Davea z týmu.

Sujetó a Solleks en el lugar de Dave, más cerca del frente del trineo.

Upevnil Solleky na Daveovo místo, nejblíže k přední části saní.

Su intención era dejar que Dave descansara y corriera libremente detrás del trineo en movimiento.

Chtěl nechat Davea odpočinout si a volně běhat za jedoucími saněmi.

Pero incluso estando enfermo, Dave odiaba que lo sacaran del trabajo que había tenido.

Ale i když byl nemocný, Dave nenáviděl, když ho vzali z práce, kterou dříve vykonával.

Gruñó y gimió cuando le quitaron las riendas del cuerpo.

Zavrčel a zakňučel, když mu někdo sundal otěže z těla.

Cuando vio a Solleks en su lugar, lloró con el corazón roto.

Když uviděl Solleksa na svém místě, rozplakal se zlomenou bolestí.

El orgullo por el trabajo en los senderos estaba profundamente arraigado en Dave, incluso cuando se acercaba la muerte.

Hrdost na práci na stezkách v Daveovi hluboce přetrvávala, i když se blížila smrt.

Mientras el trineo se movía, Dave se tambaleaba sobre la nieve blanda cerca del sendero.

Jak se sáně pohybovaly, Dave se bouchal v měkkém sněhu poblíž stezky.

Atacó a Solleks, mordiéndolo y empujándolo desde el costado del trineo.

Zaútočil na Solleksa, kousl ho a strčil ho ze strany saní.

Dave intentó saltar al arnés y recuperar su lugar de trabajo.

Dave se pokusil naskočit do postroje a znovu zaujmout své pracovní místo.

Gritó, se quejó y lloró, dividido entre el dolor y el orgullo por el trabajo.

Kňučel, naříkal a plakal, rozpolcen mezi bolestí a hrdostí na práci.

El mestizo usó su látigo para intentar alejar a Dave del equipo.

Míšenec se bičem pokusil Davea od týmu odehnat.

Pero Dave ignoró el látigo y el hombre no pudo golpearlo más fuerte.

Dave si ale ránu bičem nevšímal a muž ho nemohl udeřit silněji.

Dave rechazó el camino más fácil detrás del trineo, donde la nieve estaba acumulada.

Dave odmítl jednodušší cestu za saněmi, kde byl udusaný sníh.

En cambio, luchaba en la nieve profunda junto al sendero, en la miseria.

Místo toho se v hlubokém sněhu vedle stezky trápil.

Finalmente, Dave se desplomó, quedó tendido en la nieve y aullando de dolor.

Nakonec se Dave zhroutil, ležel ve sněhu a vyl bolestí.

Gritó cuando el largo tren de trineos pasó a su lado uno por uno.

Vykřikl, když ho dlouhý zástup saní jeden po druhém míjel.

Aún con las fuerzas que le quedaban, se levantó y tropezó tras ellos.

Přesto se zbývajícími silami vstal a klopýtal za nimi.

Lo alcanzó cuando el tren se detuvo nuevamente y encontró su viejo trineo.

Dohonil vlak, když znovu zastavil, a našel své staré sáně.

Pasó junto a los otros equipos y se quedó de nuevo al lado de Solleks.

Proklouzl kolem ostatních týmů a znovu se postavil vedle Sollekse.

Cuando el conductor se detuvo para encender su pipa, Dave aprovechó su última oportunidad.

Když se řidič zastavil, aby si zapálil dýmku, Dave využil poslední šance.

Cuando el conductor regresó y gritó, el equipo no avanzó.

Když se řidič vrátil a zakřičel, tým se nepohnul vpřed.

Los perros habían girado la cabeza, confundidos por la parada repentina.

Psi otočili hlavy, zmateni náhlým zastavením.

El conductor también estaba sorprendido: el trineo no se había movido ni un centímetro hacia adelante.

Řidič byl také v šoku – sáně se nepohnuly ani o píď dopředu.

Llamó a los demás para que vinieran a ver qué había sucedido.

Zavolal na ostatní, aby se přišli podívat, co se stalo.

Dave había mordido las riendas de Solleks, rompiéndolas ambas.

Dave překousl Solleksovy otěže a obě mu zlomil.

Ahora estaba de pie frente al trineo, nuevamente en su posición correcta.

Teď stál před saněmi, zpět na svém správném místě.

Dave miró al conductor y le rogó en silencio que se mantuviera en el carril.

Dave vzhlédl k řidiči a tiše ho prosil, aby zůstal v kolejích.

El conductor estaba desconcertado, sin saber qué hacer con el perro que luchaba.

Řidič byl zmatený a nevěděl, co má s trápícím se psem dělat.

Los otros hombres hablaron de perros que habían muerto al ser sacados a la calle.

Ostatní muži mluvili o psech, kteří uhynuli poté, co je někdo vyvedl ven.

Contaron sobre perros viejos o heridos cuyo corazón se rompió al ser abandonados.

Vyprávěli o starých nebo zraněných psech, kterým se zlomilo srdce, když byli opuštěni.

Estuvieron de acuerdo en que era una misericordia dejar que Dave muriera mientras aún estaba en su arnés.

Shodli se, že je milosrdenstvím nechat Davea zemřít ještě v postroji.

Lo volvieron a sujetar al trineo y Dave tiró con orgullo.

Byl přivázaný zpět k saním a Dave s hrdostí táhl.

Aunque a veces gritaba, trabajaba como si el dolor pudiera ignorarse.

I když občas křičel, pracoval, jako by bolest mohl ignorovat.

Más de una vez se cayó y fue arrastrado antes de levantarse de nuevo.

Víckrát upadl a byl tažen, než se znovu postavil.

Un día, el trineo pasó por encima de él y desde ese momento empezó a cojear.

Jednou se přes něj sáně převrátily a od té chvíle kulhal.

Aún así, trabajó hasta llegar al campamento y luego se acostó junto al fuego.

Přesto pracoval, dokud nedorazil do tábora, a pak si lehl k ohni.

Por la mañana, Dave estaba demasiado débil para viajar o incluso mantenerse en pie.

Ráno byl Dave příliš slabý na to, aby cestoval nebo se dokonce postavil na nohy.

En el momento de preparar el arnés, intentó alcanzar a su conductor con un esfuerzo tembloroso.

Když byl čas napnout postroj, s třesoucí se námahou se snažil dosáhnout svého řidiče.

Se obligó a levantarse, se tambaleó y se desplomó sobre el suelo nevado.

Přinutil se vstát, zapotácel se a zhroutil se na zasněženou zem.

Utilizando sus patas delanteras, arrastró su cuerpo hacia el área del arnés.

Předníma nohama táhl své tělo k místu, kde se mohly uchytit postroje.

Avanzó poco a poco, centímetro a centímetro, hacia los perros de trabajo.

Krok za krokem se sunul vpřed k pracujícím psům.

Sus fuerzas se acabaron, pero siguió avanzando en su último y desesperado esfuerzo.

Síly ho opouštěly, ale v posledním zoufalém úderu se dál nevzdával.

Sus compañeros de equipo lo vieron jadeando en la nieve, todavía deseando unirse a ellos.

Jeho spoluhráči ho viděli, jak ve sněhu lape po dechu a stále toužil se k nim přidat.

Lo oyeron aullar de dolor mientras dejaban atrás el campamento.

Slyšeli ho, jak zármutkem vyje, když opouštěli tábor.

Cuando el equipo desapareció entre los árboles, el grito de Dave resonó detrás de ellos.

Když tým zmizel v lese, Daveův výkřik se rozléhal za nimi.

El tren de trineos se detuvo brevemente después de cruzar un tramo de bosque junto al río.

Sáňový vláček se krátce zastavil po překročení úseku říčního lesa.

El mestizo escocés caminó lentamente de regreso hacia el campamento que estaba detrás.

Skotský míšenec se pomalu vracel k táboru za nimi.

Los hombres dejaron de hablar cuando lo vieron salir del tren de trineos.

Muži přestali mluvit, když ho viděli vystupovat ze saňového vlaku.

Entonces un único disparo se oyó claro y nítido en el camino.
Pak se přes stezku jasně a ostře ozval jediný výstřel.
El hombre regresó rápidamente y ocupó su lugar sin decir palabra.
Muž se rychle vrátil a beze slova zaujal své místo.
Los látigos crujieron, las campanas tintinearon y los trineos rodaron por la nieve.
Biče praskaly, zvonky cinkaly a saně se kutálely sněhem.
Pero Buck sabía lo que había sucedido... y todos los demás perros también.
Ale Buck věděl, co se stalo – a stejně tak všichni ostatní psi.

El trabajo de las riendas y el sendero
Dříč otěží a stezky

Treinta días después de salir de Dawson, el Salt Water Mail llegó a Skaguay.
Třicet dní po odplutí z Dawsonu dorazila Salt Water Mail do Skaguay.

Buck y sus compañeros tomaron la delantera, llegando en lamentables condiciones.
Buck a jeho spoluhráči se ujali vedení a dorazili v žalostném stavu.

Buck había bajado de ciento cuarenta a ciento quince libras.
Buck zhubl ze sto čtyřiceti na sto patnáct liber.

Los otros perros, aunque más pequeños, habían perdido aún más peso corporal.
Ostatní psi, ačkoli menší, ztratili ještě více tělesné hmotnosti.

Pike, que antes fingía cojear, ahora arrastraba tras él una pierna realmente herida.
Pike, kdysi falešný kulhající muž, teď za sebou vláčel skutečně zraněnou nohu.

Solleks cojeaba mucho y Dub tenía un omóplato torcido.
Solleks silně kulhal a Dub měl vykloubenou lopatku.

Todos los perros del equipo tenían las patas doloridas por las semanas que pasaron en el sendero helado.
Každý pes v týmu měl po týdnech na zmrzlé stezce bolavé nohy.

Ya no tenían resorte en sus pasos, sólo un movimiento lento y arrastrado.
V jejich krocích už nebyla žádná pružnost, jen pomalý, vlečný pohyb.

Sus pies golpeaban el sendero con fuerza y cada paso añadía más tensión a sus cuerpos.
Jejich nohy tvrdě dopadaly na stezku a každý krok jim přidával další námahu.

No estaban enfermos, sólo agotados más allá de toda recuperación natural.

Nebyli nemocní, jen vyčerpaní nad veškeré přirozené uzdravení.

No era el cansancio de un día duro que se curaba con una noche de descanso.

Tohle nebyla únava z jednoho náročného dne, vyléčená nočním odpočinkem.

Fue un agotamiento acumulado lentamente a lo largo de meses de esfuerzo agotador.

Byla to vyčerpanost, která se pomalu nahromadila měsíci vyčerpávající námahy.

No quedaban reservas de fuerza: habían agotado todas las que tenían.

Nezbyly jim žádné rezervní síly – vyčerpali už všechno, co měli.

Cada músculo, fibra y célula de sus cuerpos estaba gastado y desgastado.

Každý sval, vlákno a buňka v jejich tělech byly vyčerpané a opotřebované.

Y había una razón: habían recorrido dos mil quinientas millas.

A měl k tomu důvod – ujeli dvacet pět set mil.

Habían descansado sólo cinco días durante las últimas mil ochocientas millas.

Během posledních osmnácti set mil odpočívali jen pět dní.

Cuando llegaron a Skaguay, parecían apenas capaces de mantenerse en pie.

Když dorazili do Skaguay, vypadali, že se sotva udrží na nohou.

Se esforzaron por mantener las riendas tensas y permanecer delante del trineo.

S obtížemi udrželi otěže pevně napjaté a udrželi se před saněmi.

En las bajadas sólo lograron evitar ser atropellados.

Na svazích z kopce se jim podařilo vyhnout se jen přejetí.

"Sigan adelante, pobres pies doloridos", dijo el conductor mientras cojeaban.

„Jen pojďte dál, ubohé bolavé nohy," řekl řidič, když kulhali dál.

"Este es el último tramo, luego todos tendremos un largo descanso, seguro".

„Tohle je poslední úsek a pak si všichni určitě dáme jeden dlouhý odpočinek."

"Un descanso verdaderamente largo", prometió mientras los observaba tambalearse hacia adelante.

„Jeden opravdu dlouhý odpočinek," slíbil a sledoval, jak se potácejí vpřed.

Los conductores esperaban que ahora tuvieran un descanso largo y necesario.

Řidiči očekávali, že si teď dají dlouhou a potřebnou přestávku.

Habían recorrido mil doscientas millas con sólo dos días de descanso.

Urazili dvanáct set mil a měli jen dva dny odpočinku.

Por justicia y razón, sintieron que se habían ganado tiempo para relajarse.

Spravedlně a rozumně měli pocit, že si zasloužili čas na odpočinek.

Pero eran demasiados los que habían llegado al Klondike y muy pocos los que se habían quedado en casa.

Ale na Klondike jich přišlo příliš mnoho a příliš málo jich zůstalo doma.

Las cartas de las familias llegaron en masa, creando montañas de correo retrasado.

Dopisy od rodin se hromadily a vytvářely hromady zpožděné pošty.

Llegaron órdenes oficiales: nuevos perros de la Bahía de Hudson tomarían el control.

Dorazily oficiální rozkazy – noví psi z Hudsonova zálivu se měli ujmout moci.

Los perros exhaustos, ahora llamados inútiles, debían ser eliminados.

Vyčerpaní psi, nyní označovaní za bezcenné, měli být zlikvidováni.

Como el dinero importaba más que los perros, los iban a vender a bajo precio.

Protože peníze byly důležitější než psi, měli se prodávat levně.

Pasaron tres días más antes de que los perros sintieran lo débiles que estaban.

Uplynuly další tři dny, než psi pocítili, jak jsou slabí.

En la cuarta mañana, dos hombres de Estados Unidos compraron todo el equipo.

Čtvrtého rána koupili dva muži ze Států celý tým.

La venta incluía todos los perros, además de sus arneses usados.

Prodej zahrnoval všechny psy a jejich obnošené postroje.

Los hombres se llamaban entre sí "Hal" y "Charles" mientras completaban el trato.

Muži si při uzavírání obchodu oslovovali „Hale" a „Charles".

Charles era un hombre de mediana edad, pálido, con labios flácidos y puntas de bigote feroces.

Karel byl středního věku, bledý, s ochablými rty a ostrými špičkami kníru.

Hal era un hombre joven, de unos diecinueve años, que llevaba un cinturón lleno de cartuchos.

Hal byl mladý muž, možná devatenáctiletý, s opaskem plným nábojů.

El cinturón contenía un gran revólver y un cuchillo de caza, ambos sin usar.

Na opasku byl velký revolver a lovecký nůž, obojí nepoužité.

Esto demostró lo inexperto e inadecuado que era para la vida en el norte.

Ukazovalo to, jak nezkušený a nezpůsobilý byl pro život na severu.

Ninguno de los dos pertenecía a la naturaleza; su presencia desafiaba toda razón.

Ani jeden z nich nepatřil do divočiny; jejich přítomnost se vzpírala veškerému rozumu.

Buck observó cómo el dinero intercambiaba manos entre el comprador y el agente.

Buck sledoval, jak si kupující a agent vyměňují peníze.

Sabía que los conductores de trenes correos abandonaban su vida como el resto.

Věděl, že strojvedoucí poštovních vlaků opouštějí jeho život stejně jako všichni ostatní.

Siguieron a Perrault y a François, ahora desaparecidos sin posibilidad de recuperación.

Sledovali Perraulta a Françoise, kteří už nebyli k nezapamatování.

Buck y el equipo fueron conducidos al descuidado campamento de sus nuevos dueños.

Buck a tým byli odvedeni do nedbale zanedbaného tábora jejich nových majitelů.

La tienda se hundía, los platos estaban sucios y todo estaba desordenado.

Stan se prohýbal, nádobí bylo špinavé a všechno leželo v nepořádku.

Buck también notó que había una mujer allí: Mercedes, la esposa de Charles y hermana de Hal.

Buck si tam také všiml ženy – Mercedes, Charlesovy manželky a Halovy sestry.

Formaban una familia completa, aunque no eran aptos para el recorrido.

Tvořili kompletní rodinu, i když zdaleka nebyli vhodní na stezku.

Buck observó nervioso cómo el trío comenzó a empacar los suministros.

Buck nervózně sledoval, jak trojice začíná balit zásoby.

Trabajaron duro, pero sin orden: sólo alboroto y esfuerzos desperdiciados.

Pracovali tvrdě, ale bez řádu – jen povyk a zbytečné úsilí.

La tienda estaba enrollada hasta formar un volumen demasiado grande para el trineo.

Stan byl srolovaný do objemného tvaru, příliš velký pro saně.

Los platos sucios se empaquetaron sin limpiarlos ni secarlos.

Špinavé nádobí bylo zabalené, aniž by bylo umyté nebo osušené.

Mercedes revoloteaba por todos lados, hablando, corrigiendo y entrometiéndose constantemente.

Mercedes pobíhala sem a tam, neustále mluvila, opravovala a vměšovala se do dění.

Cuando le ponían un saco en el frente, ella insistía en que lo pusieran en la parte de atrás.

Když byl pytel položen dopředu, trvala na tom, aby šel dozadu.

Metió la bolsa en el fondo y al siguiente momento la necesitó.

Sbalila pytel na dno a v příštím okamžiku ho potřebovala.

De esta manera, el trineo fue desempaquetado nuevamente para alcanzar la bolsa específica.

Takže sáně byly znovu vybaleny, aby se dostaly k té jedné konkrétní tašce.

Cerca de allí, tres hombres estaban parados afuera de una tienda de campaña, observando cómo se desarrollaba la escena.

Nedaleko stáli tři muži před stanem a sledovali, co se děje.

Sonrieron, guiñaron el ojo y sonrieron ante la evidente confusión de los recién llegados.

Usmívali se, mrkali a šklebili se nad zjevným zmatkem nově příchozích.

"Ya tienes una carga bastante pesada", dijo uno de los hombres.

„Už teď máš pořádný náklad," řekl jeden z mužů.

"No creo que debas llevar esa tienda de campaña, pero es tu elección".

„Myslím, že bys ten stan neměl/a nosit, ale je to tvoje volba."

"¡Inimaginable!", exclamó Mercedes levantando las manos con desesperación.

„Nevídané!" zvolala Mercedes a zoufale rozhodila rukama.

"¿Cómo podría viajar sin una tienda de campaña donde refugiarme?"

„Jak bych mohl cestovat bez stanu, pod kterým bych mohl zůstat?"

"Es primavera, ya no volverás a ver el frío", respondió el hombre.

„Je jaro – už tu neuvidíte chladné počasí," odpověděl muž.

Pero ella meneó la cabeza y ellos siguieron apilando objetos en el trineo.

Ale zavrtěla hlavou a oni dál hromadili věci na saně.

La carga se elevó peligrosamente a medida que añadían los últimos elementos.

Náklad se nebezpečně tyčil vysoko, když přidávali poslední věci.

"¿Crees que el trineo se deslizará?" preguntó uno de los hombres con mirada escéptica.

„Myslíš, že sáně pojedou?" zeptal se jeden z mužů se skeptickým pohledem.

"¿Por qué no debería?", replicó Charles con gran fastidio.

„Proč by ne?" odsekl Charles s ostrou podrážděností.

—Está bien —dijo rápidamente el hombre, alejándose un poco de la ofensa.

„Ale to je v pořádku," řekl muž rychle a couvl, aby se vyhnul urážce.

"Solo me preguntaba, me pareció que tenía la parte superior demasiado pesada".

„Jen jsem se divil – připadalo mi to trochu moc těžké nahoře."

Charles se dio la vuelta y ató la carga lo mejor que pudo.

Karel se odvrátil a uvázal náklad, jak nejlépe uměl.

Pero las ataduras estaban sueltas y el embalaje en general estaba mal hecho.

Ale úvazy byly volné a celkově špatně zabalené.

"Claro, los perros tirarán de eso todo el día", dijo otro hombre con sarcasmo.

„Jasně, psi to budou tahat celý den," řekl sarkasticky další muž.

—Por supuesto —respondió Hal con frialdad, agarrando el largo palo del trineo.

„Samozřejmě," odpověděl Hal chladně a chytil se dlouhé tyče saní.

Con una mano en el poste, blandía el látigo con la otra.

S jednou rukou na tyči se držel biče v druhé.

"¡Vamos!", gritó. "¡Muévanse!", instando a los perros a empezar.

„Jdeme!" křičel. „Hněte se!" pobízel psy, aby se rozjeli.

Los perros se inclinaron hacia el arnés y se tensaron durante unos instantes.

Psi se opřeli do postroje a chvíli se napínali.

Entonces se detuvieron, incapaces de mover ni un centímetro el trineo sobrecargado.

Pak se zastavili, neschopní pohnout s přetíženými saněmi ani o píď.

—¡Esos brutos perezosos! —gritó Hal, levantando el látigo para golpearlos.

„Líní bestie!" zařval Hal a zvedl bič, aby je udeřil.

Pero Mercedes entró corriendo y le arrebató el látigo de las manos a Hal.

Ale Mercedes vběhla dovnitř a vytrhla Halovi bič z rukou.

—Oh, Hal, no te atrevas a hacerles daño —gritó alarmada.

„Ach, Hale, neopovažuj se jim ublížit!" zvolala vyděšeně.

"Prométeme que serás amable con ellos o no daré un paso más".

„Slib mi, že k nim budeš laskavý, nebo neudělám ani krok."

—No sabes nada de perros —le espetó Hal a su hermana.

„O psech nevíš vůbec nic," odsekl Hal na sestru.

"Son perezosos y la única forma de moverlos es azotándolos".

„Jsou líní a jediný způsob, jak je pohnout, je zbičovat je."

"Pregúntale a cualquiera, pregúntale a uno de esos hombres de allí si dudas de mí".

„Zeptejte se kohokoli – zeptejte se jednoho z těch mužů támhle, pokud o mně pochybujete."

Mercedes miró a los espectadores con ojos suplicantes y llorosos.

Mercedes se na přihlížející dívala prosebnýma, uplakanýma očima.

Su rostro mostraba lo profundamente que odiaba ver cualquier dolor.

Její tvář prozrazovala, jak hluboce nenáviděla pohled na jakoukoli bolest.

"Están débiles, eso es todo", dijo un hombre. "Están agotados".

„Jsou slabí, to je vše," řekl jeden muž. „Jsou vyčerpaní."

"Necesitan descansar, han trabajado demasiado tiempo sin descansar".

„Potřebují odpočinek – byli příliš dlouho unavení bez přestávky."

—Maldito sea el resto —murmuró Hal con el labio curvado.

„Zbytek ať je prokletý," zamumlal Hal se zkřiveným rtem.

Mercedes jadeó, visiblemente dolida por la grosera palabra que pronunció.

Mercedes zalapala po dechu, zjevně ji jeho hrubé slovo bolelo.

Aún así, ella se mantuvo leal y defendió instantáneamente a su hermano.

Přesto zůstala věrná a okamžitě se postavila na obranu svého bratra.

—No le hagas caso a ese hombre —le dijo a Hal—. Son nuestros perros.

„Nevšímej si toho chlapa," řekla Halovi. „Jsou to naši psi."

"Los conduces como mejor te parezca, haz lo que creas correcto".

„Řídíš je, jak uznáš za vhodné – dělej, co považuješ za správné."

Hal levantó el látigo y volvió a golpear a los perros sin piedad.

Hal zvedl bič a znovu bez milosti udeřil psy.

Se lanzaron hacia adelante, con el cuerpo agachado y los pies hundidos en la nieve.

Vrhli se vpřed, těla nízko, nohy zabořené do sněhu.

Ponían toda su fuerza en tirar, pero el trineo no se movía.

Všechna jejich síla šla do tahu, ale sáně se nehýbaly.

El trineo quedó atascado, como un ancla congelada en la nieve compacta.

Sáně zůstaly zaseknuté jako kotva zamrzlá v udusaném sněhu.

Tras un segundo esfuerzo, los perros se detuvieron de nuevo, jadeando con fuerza.

Po druhém pokusu se psi znovu zastavili a těžce lapali po dechu.

Hal levantó el látigo una vez más, justo cuando Mercedes interfirió nuevamente.

Hal znovu zvedl bič, právě když Mercedes znovu zasáhla.

Ella cayó de rodillas frente a Buck y abrazó su cuello.

Klesla na kolena před Bucka a objala ho kolem krku.

Las lágrimas llenaron sus ojos mientras le suplicaba al perro exhausto.

Slzy se jí zalily do očí, když prosila vyčerpaného psa.

"Pobres queridos", dijo, "¿por qué no tiran más fuerte?"

„Vy chudáci," řekla, „proč prostě nezatáhnete silněji?"

"Si tiras, no te azotarán así".

„Když budeš tahat, tak tě takhle zbičovat nebudou."

A Buck no le gustaba Mercedes, pero estaba demasiado cansado para resistirse a ella ahora.

Buck neměl Mercedes rád, ale teď byl příliš unavený, aby jí odolal.

Él aceptó sus lágrimas como una parte más de ese día miserable.

Přijal její slzy jen jako další součást ubohého dne.

Uno de los hombres que observaban finalmente habló después de contener su ira.

Jeden z přihlížejících mužů konečně promluvil, poté co potlačil hněv.

"No me importa lo que les pase a ustedes, pero esos perros importan".

„Je mi jedno, co se s vámi stane, ale na těch psech záleží."

"Si quieres ayudar, suelta ese trineo: está congelado hasta la nieve".

„Jestli chceš pomoct, uvolni ty sáně – jsou zmrzlé ke sněhu."

"Presiona con fuerza el polo G, derecha e izquierda, y rompe el sello de hielo".

„Zatlačte silně na výstužnou tyč, doprava i doleva, a prolomte ledovou pečeť."

Se hizo un tercer intento, esta vez siguiendo la sugerencia del hombre.

Byl proveden třetí pokus, tentokrát na mužův návrh.

Hal balanceó el trineo de un lado a otro, soltando los patines.

Hal houpal saněmi ze strany na stranu a uvolňoval je.

El trineo, aunque sobrecargado y torpe, finalmente avanzó con dificultad.

Sáně, ačkoli přetížené a neohrabané, se konečně s trhnutím vymrštily vpřed.

Buck y los demás tiraron salvajemente, impulsados por una tormenta de latigazos.

Buck a ostatní divoce táhli, poháněni záplavou ran bičem.

Cien metros más adelante, el sendero se curvaba y descendía hacia la calle.

Sto metrů před nimi se stezka stáčela a svažovala do ulice.

Se hubiera necesitado un conductor habilidoso para mantener el trineo en posición vertical.

Bude potřeba zkušeného řidiče, aby sáně udržel ve vzpřímené poloze.

Hal no era hábil y el trineo se volcó al girar en la curva.

Hal nebyl zručný a sáně se při prudkém otáčení v zatáčce převrátily.

Las ataduras sueltas cedieron y la mitad de la carga se derramó sobre la nieve.

Uvolněné popruhy povolily a polovina nákladu se vysypala na sníh.

Los perros no se detuvieron; el trineo, más ligero, siguió volando de lado.

Psi se nezastavili; lehčí sáně letěly na boku.

Enojados por el abuso y la pesada carga, los perros corrieron más rápido.

Rozzlobení týráním a těžkým břemenem běželi psi rychleji.

Buck, furioso, echó a correr, con el equipo siguiéndolo detrás.

Buck se v rozzuření rozběhl a tým ho následoval.

Hal gritó "¡Guau! ¡Guau!", pero el equipo no le hizo caso.

Hal křičel „No páni! No páni!", ale tým si ho nevšímal.

Tropezó, cayó y fue arrastrado por el suelo por el arnés.

Zakopl, upadl a postroj ho táhl po zemi.

El trineo volcado saltó sobre él mientras los perros corrían delante.

Převrácené sáně ho převalily, zatímco psi spěchali vpřed.

El resto de los suministros se dispersaron por la concurrida calle de Skaguay.

Zbytek zásob se rozprchl po rušné ulici ve Skaguayi.

La gente bondadosa se apresuró a detener a los perros y recoger el equipo.

Dobrosrdeční lidé se vrhli zastavit psy a shromažďovat vybavení.

También dieron consejos, contundentes y prácticos, a los nuevos viajeros.

Také novým cestovatelům dávali rady, přímočaré a praktické.

"Si quieres llegar a Dawson, lleva la mitad de la carga y el doble de perros".

„Jestli se chceš dostat do Dawsonu, vezmi si polovinu nákladu a dvojnásobný počet psů."

Hal, Charles y Mercedes escucharon, aunque no con entusiasmo.

Hal, Charles a Mercedes naslouchali, i když ne s nadšením.

Instalaron su tienda de campaña y comenzaron a clasificar sus suministros.

Postavili si stan a začali třídit své zásoby.

Salieron alimentos enlatados, lo que hizo reír a carcajadas a los espectadores.

Vyšly konzervy, které přihlížející rozesmály nahlas.

"¿Enlatado en el camino? Te morirás de hambre antes de que se derrita", dijo uno.

„Konzervy na stezce? Než se rozpustí, tak umřeš hlady," řekl jeden.

¿Mantas de hotel? Mejor tíralas todas.

„Hotelové deky? Raději je všechny vyhoďte."

"Si también deshazte de la tienda de campaña, aquí nadie lava los platos".

„Když tu taky vyhodíš stan, nikdo tu nemyje nádobí."

¿Crees que estás viajando en un tren Pullman con sirvientes a bordo?

„Myslíš si, že jedeš pullmanovským vlakem se služebnictvem na palubě?"

El proceso comenzó: todos los objetos inútiles fueron arrojados a un lado.

Proces začal – každá nepotřebná věc byla odhozena stranou.

Mercedes lloró cuando sus maletas fueron vaciadas en el suelo nevado.

Mercedes plakala, když jí vysypali zavazadla na zasněženou zem.

Ella sollozaba por cada objeto que tiraba, uno por uno, sin pausa.

Vzlykala nad každou vyhozenou věcí, jednu po druhé bez přestávky.

Ella juró no dar un paso más, ni siquiera por diez Charleses.

Přísahala, že neudělá ani krok – ani za deset Charlesů.

Ella le rogó a cada persona cercana que le permitiera conservar sus cosas preciosas.

Prosila každého, kdo byl poblíž, aby jí dovolil si ponechat její cenné věci.

Por último, se secó los ojos y comenzó a arrojar incluso la ropa más importante.

Nakonec si otřela oči a začala shazovat i to nejdůležitější oblečení.

Cuando terminó con los suyos, comenzó a vaciar los suministros de los hombres.

Když skončila se svými, začala vyprazdňovat zásoby mužů.

Como un torbellino, destrozó las pertenencias de Charles y Hal.

Jako vichřice se prohnala věcmi Charlese a Hala.

Aunque la carga se redujo a la mitad, todavía era mucho más pesada de lo necesario.

I když se náklad snížil na polovinu, stále byl mnohem těžší, než bylo potřeba.

Esa noche, Charles y Hal salieron y compraron seis perros nuevos.

Té noci si Charles a Hal koupili šest nových psů.

Estos nuevos perros se unieron a los seis originales, además de Teek y Koona.

Tito noví psi se připojili k původní šesti, plus Teek a Koona.

Juntos formaron un equipo de catorce perros enganchados al trineo.

Společně tvořili spřežení čtrnácti psů zapřažených do saní.

Pero los nuevos perros no eran aptos y estaban mal entrenados para el trabajo con trineos.

Ale noví psi byli nezpůsobilí a špatně vycvičení pro práci se saněmi.

Tres de los perros eran pointers de pelo corto y uno era un Terranova.

Tři psi byli krátkosrstí ohaři a jeden byl novofundlanďan.

Los dos últimos perros eran mestizos, sin ninguna raza ni propósito claros.

Poslední dva psi byli mutanti bez jasné rasy ani účelu.

No entendieron el camino y no lo aprendieron rápidamente.

Nerozuměli té stezce a nenaučili se ji rychle.

Buck y sus compañeros los miraron con desprecio y profunda irritación.

Buck a jeho kamarádi je pozorovali s opovržením a hlubokým podrážděním.

Aunque Buck les enseñó lo que no debían hacer, no podía enseñarles cuál era el deber.

Ačkoli je Buck naučil, co se nemá dělat, nemohl je naučit povinnosti.

No se adaptaron bien a la vida en senderos ni al tirón de las riendas y los trineos.

Nesnášeli dobře jízdu na vlečce ani tah otěží a saní.

Sólo los mestizos intentaron adaptarse, e incluso a ellos les faltó espíritu de lucha.

Pouze kříženci se snažili přizpůsobit, a i těm chyběla bojovnost.

Los demás perros estaban confundidos, debilitados y destrozados por su nueva vida.

Ostatní psi byli svým novým životem zmatení, oslabení a zlomení.

Con los nuevos perros desorientados y los viejos exhaustos, la esperanza era escasa.

S novými psy bezradnými a starými vyčerpanými byla naděje mizivá.

El equipo de Buck había recorrido dos mil quinientas millas de senderos difíciles.

Buckův tým urazil dvacet pět set mil náročné stezky.

Aún así, los dos hombres estaban alegres y orgullosos de su gran equipo de perros.

Přesto byli oba muži veselí a hrdí na svůj velký psí tým.

Creían que viajaban con estilo, con catorce perros enganchados.

Mysleli si, že cestují stylově, se čtrnácti zavázanými psy.

Habían visto trineos partir hacia Dawson y otros llegar desde allí.

Viděli saně odjíždět do Dawsonu a další odtud přijíždět.

Pero nunca habían visto uno tirado por tantos catorce perros.

Ale nikdy neviděli takový, tažený až čtrnácti psy.

Había una razón por la que equipos como ese eran raros en el desierto del Ártico.

Existoval důvod, proč byly takové týmy v arktické divočině vzácné.

Ningún trineo podría transportar suficiente comida para alimentar a catorce perros durante el viaje.

Žádné sáně by neuvezly dostatek jídla pro čtrnáct psů na celou cestu.

Pero Charles y Hal no lo sabían: habían hecho los cálculos.

Ale Charles a Hal to nevěděli – spočítali si to sami.

Planificaron la comida: tanta cantidad por perro, tantos días, y listo.

Naplánovali si jídlo: tolik na psa, tolik dní, hotovo.

Mercedes miró sus figuras y asintió como si tuviera sentido.

Mercedes se podívala na jejich čísla a přikývla, jako by to dávalo smysl.

Todo le parecía muy sencillo, al menos en el papel.

Všechno se jí zdálo velmi jednoduché, alespoň na papíře.

A la mañana siguiente, Buck guió al equipo lentamente por la calle nevada.

Následujícího rána Buck vedl spřežení pomalu po zasněžené ulici.

No había energía ni espíritu en él ni en los perros detrás de él.

Nebyla v něm ani v psech za ním žádná energie ani duch.

Estaban muertos de cansancio desde el principio: no les quedaban reservas.

Od začátku byli k smrti unavení – nezbývala jim žádná rezerva.

Buck ya había hecho cuatro viajes entre Salt Water y Dawson.

Buck už podnikl čtyři cesty mezi Salt Water a Dawson.

Ahora, enfrentado nuevamente el mismo desafío, no sentía nada más que amargura.

Teď, když znovu stál tváří v tvář téže stezce, necítil nic než hořkost.

Su corazón no estaba en ello, ni tampoco el corazón de los otros perros.

Nebylo v tom jeho srdce, stejně jako srdce ostatních psů.

Los nuevos perros eran tímidos y los huskies carecían de confianza.

Noví psi byli bázliví a huskyům chyběla veškerá důvěra.

Buck sintió que no podía confiar en estos dos hombres ni en su hermana.

Buck cítil, že se na tyto dva muže ani na jejich sestru nemůže spolehnout.

No sabían nada y no mostraron señales de aprender en el camino.

Nic nevěděli a na stezce nejevili žádné známky toho, že by se něco učili.

Estaban desorganizados y carecían de cualquier sentido de disciplina.

Byli neorganizovaní a postrádali jakýkoli smysl pro disciplínu.

Les tomó media noche montar un campamento descuidado cada vez.

Pokaždé jim trvalo půl noci, než si postavili nedbalý tábor.

Y la mitad de la mañana siguiente la pasaron otra vez jugueteando con el trineo.

A půlku dalšího rána strávili opět zápasením se saněmi.

Al mediodía, a menudo se detenían simplemente para arreglar la carga desigual.

Do poledne se často zastavovali jen proto, aby opravili nerovnoměrný náklad.

Algunos días, viajaron menos de diez millas en total.

V některé dny urazili celkem méně než deset mil.

Otros días ni siquiera conseguían salir del campamento.

Jiné dny se jim vůbec nepodařilo opustit tábor.

Nunca llegaron a cubrir la distancia alimentaria planificada.

Nikdy se ani zdaleka nepřiblížili plánované vzdálenosti pro udržení potravy.

Como era de esperar, muy rápidamente se quedaron sin comida para los perros.

Jak se dalo očekávat, jídlo pro psy jim došlo velmi rychle.

Empeoró las cosas sobrealimentándolos en los primeros días.

V prvních dnech situaci ještě zhoršili tím, že je překrmovali.

Esto acercaba la hambruna con cada ración descuidada.

To s každým nedbale vyčerpaným přídělem přibližovalo hlad.

Los nuevos perros no habían aprendido a sobrevivir con muy poco.

Noví psi se nenaučili přežít s málem.

Comieron con hambre, con apetitos demasiado grandes para el camino.

Jedli hladově, s chutí k jídlu příliš velkou na to, aby zvládli stezku.

Al ver que los perros se debilitaban, Hal creyó que la comida no era suficiente.

Když Hal viděl, jak psi slábnou, uvěřil, že jídlo nestačí.
Duplicó las raciones, empeorando aún más el error.
Zdvojnásobil dávky, čímž chybu ještě zhoršil.
Mercedes añadió más problemas con lágrimas y suaves súplicas.
Mercedes k problému přidala slzy a tiché prosby.
Cuando no pudo convencer a Hal, alimentó a los perros en secreto.
Když nedokázala Hala přesvědčit, tajně nakrmila psy.
Ella robó de los sacos de pescado y se lo dio a sus espaldas.
Ukradla z pytlů s rybami a dala jim je za jeho zády.
Pero lo que los perros realmente necesitaban no era más comida: era descanso.
Ale psi doopravdy nepotřebovali více jídla – byl to odpočinek.
Iban a poca velocidad, pero el pesado trineo aún seguía avanzando.
Jeli špatným časem, ale těžké saně se stále vlekly.
Ese peso solo les quitaba las fuerzas que les quedaban cada día.
Už jen ta tíha jim každý den vysávala zbývající síly.
Luego vino la etapa de desalimentación ya que los suministros escasearon.
Pak přišla fáze podvýživy, protože zásoby docházely.
Una mañana, Hal se dio cuenta de que la mitad de la comida para perros ya había desaparecido.
Hal si jednoho rána uvědomil, že polovina psího krmiva už je pryč.
Sólo habían recorrido una cuarta parte de la distancia total del recorrido.
Ušli jen čtvrtinu celkové vzdálenosti stezky.
No se podía comprar más comida por ningún precio que se ofreciera.
Už se nedalo koupit žádné další jídlo, bez ohledu na to, jaká byla nabídnuta cena.
Redujo las raciones de los perros por debajo de la ración diaria estándar.
Snížil porce psů pod standardní denní dávku.

Al mismo tiempo, exigió viajes más largos para compensar las pérdidas.

Zároveň požadoval delší cestování, aby ztrátu vynahradil.

Mercedes y Carlos apoyaron este plan, pero fracasaron en su ejecución.

Mercedes a Charles tento plán podpořili, ale neuskutečnili ho.

Su pesado trineo y su falta de habilidad hicieron que el avance fuera casi imposible.

Jejich těžké sáně a nedostatek dovedností téměř znemožňovaly postup.

Era fácil dar menos comida, pero imposible forzar más esfuerzo.

Bylo snadné dávat méně jídla, ale nemožné vynutit si větší úsilí.

No podían salir temprano ni tampoco viajar horas extras.

Nemohli začít brzy, ani nemohli cestovat přesčas.

No sabían cómo trabajar con los perros, ni tampoco ellos mismos.

Nevěděli, jak zacházet se psy, a vlastně ani sami se sebou.

El primer perro que murió fue Dub, el desafortunado pero trabajador ladrón.

Prvním psem, který zemřel, byl Dub, nešťastný, ale pracovitý zloděj.

Aunque a menudo lo castigaban, Dub había hecho su parte sin quejarse.

Ačkoliv Dub byl často trestán, zvládal svou práci bez stížností.

Su hombro lesionado empeoró sin cuidados ni necesidad de descanso.

Jeho zraněné rameno se bez péče a potřeby odpočinku zhoršovalo.

Finalmente, Hal usó el revólver para acabar con el sufrimiento de Dub.

Nakonec Hal použil revolver k ukončení Dubova utrpení.

Un dicho común afirma que los perros normales mueren con raciones para perros esquimales.

Běžné rčení tvrdilo, že normální psi umírají na krmné dávce pro huskyho.

Los seis nuevos compañeros de Buck tenían sólo la mitad de la porción de comida del husky.

Buckových šest nových společníků mělo jen poloviční podíl jídla, který husky dostává.

Primero murió el Terranova y después los tres bracos de pelo corto.

Nejdříve uhynul novofundlanďan a poté tři krátkosrstí ohaři.

Los dos mestizos resistieron más tiempo pero finalmente perecieron como el resto.

Dva křženci se držely déle, ale nakonec zahynuli stejně jako ostatní.

Para entonces, todas las comodidades y la dulzura de Southland habían desaparecido.

V této době už veškeré vybavení a laskavost Jihu byly pryč.

Las tres personas habían perdido los últimos vestigios de su educación civilizada.

Ti tři lidé se zbavili posledních stop své civilizované výchovy.

Despojado de glamour y romance, el viaje al Ártico se volvió brutalmente real.

Zbavené lesku a romantiky se cestování po Arktidě stalo brutálně skutečným.

Era una realidad demasiado dura para su sentido de masculinidad y feminidad.

Byla to realita příliš drsná pro jejich smysl pro mužství a ženství.

Mercedes ya no lloraba por los perros, ahora lloraba sólo por ella misma.

Mercedes už neplakala pro psy, ale teď plakala jen pro sebe.

Pasó su tiempo llorando y peleando con Hal y Charles.

Trávila čas pláčem a hádkami s Halem a Charlesem.

Pelear era lo único que nunca estaban demasiado cansados para hacer.

Hádky byly jedinou věcí, na kterou nikdy nebyli příliš unavení.

Su irritabilidad surgió de la miseria, creció con ella y la superó.

Jejich podrážděnost pramenila z bídy, rostla s ní a překonala ji.

La paciencia del camino, conocida por quienes trabajan y sufren con bondad, nunca llegó.

Trpělivost na cestě, známá těm, kdo dřou a trpí s laskavostí, se nikdy nedostavila.

Esa paciencia que conserva dulce la palabra a pesar del dolor les era desconocida.

Tato trpělivost, která udržuje řeč sladkou i přes bolest, jim byla neznámá.

No tenían ni un ápice de paciencia ni la fuerza que suponía sufrir con gracia.

Neměli ani špetku trpělivosti, žádnou sílu čerpanou z utrpení s grácií.

Estaban rígidos por el dolor: les dolían los músculos, los huesos y el corazón.

Byli ztuhlí bolestí – bolely je svaly, kosti a srdce.

Por eso se volvieron afilados de lengua y rápidos para usar palabras ásperas.

Kvůli tomu se stali ostrými na jazyk a rychlými v drsných slovech.

Cada día comenzaba y terminaba con voces enojadas y amargas quejas.

Každý den začínal a končil rozzlobenými hlasy a hořkými stížnostmi.

Charles y Hal discutían cada vez que Mercedes les daba una oportunidad.

Charles a Hal se hádali, kdykoli jim Mercedes dala šanci.

Cada hombre creía que hacía más de lo que le correspondía en el trabajo.

Každý muž věřil, že odvedl více práce, než mu náleží.

Ninguno de los dos perdió la oportunidad de decirlo una y otra vez.

Ani jeden z nich nikdy nepromeškal příležitost to říct, znovu a znovu.

A veces Mercedes se ponía del lado de Charles, a veces del lado de Hal.

Někdy se Mercedes postavila na stranu Charlese, jindy na stranu Hala.

Esto dio lugar a una gran e interminable disputa entre los tres.

To vedlo k velké a nekonečné hádce mezi těmi třemi.

Una disputa sobre quién debería cortar leña se salió de control.

Spor o to, kdo by měl kácet dříví, se vymkl kontrole.

Pronto se nombraron padres, madres, primos y parientes muertos.

Brzy byli jmenováni otcové, matky, bratranci a sestřenice a zemřelí příbuzní.

Las opiniones de Hal sobre el arte o las obras de su tío se convirtieron en parte de la pelea.

Součástí boje se staly Halovy názory na umění nebo hry jeho strýce.

Las creencias políticas de Charles también entraron en el debate.

Do debaty vstoupily i Charlesovy politické přesvědčení.

Para Mercedes, incluso los chismes de la hermana de su marido parecían relevantes.

Mercedes se dokonce i drby sestry jejího manžela zdály relevantní.

Ella expresó sus opiniones sobre eso y sobre muchos de los defectos de la familia de Charles.

Vyjádřila své názory na to a na mnoho nedostatků Charlesovy rodiny.

Mientras discutían, el fuego permaneció apagado y el campamento medio montado.

Zatímco se hádali, oheň zůstal nezapálený a tábor napůl zapálený.

Mientras tanto, los perros permanecieron fríos y sin comida.

Mezitím psi zůstali v chladu a bez jídla.

Mercedes tenía un motivo de queja que consideraba profundamente personal.

Mercedes měla k něčemu křivdu, kterou považovala za hluboce osobní.

Se sintió maltratada como mujer, negándole sus privilegios de gentileza.

Cítila se špatně zacházeno jako žena, byla jí odepřena její privilegia.

Ella era bonita y dulce, y acostumbrada a la caballerosidad toda su vida.

Byla hezká a něžná a celý život zvyklá na rytířství.

Pero su marido y su hermano ahora la trataban con impaciencia.

Ale její manžel a bratr se k ní nyní chovali netrpělivě.

Su costumbre era actuar con impotencia y comenzaron a quejarse.

Měla ve zvyku chovat se bezmocně a oni si začali stěžovat.

Ofendida por esto, les hizo la vida aún más difícil.

Uražená tím jim o to víc ztížila život.

Ella ignoró a los perros e insistió en montar ella misma el trineo.

Ignorovala psy a trvala na tom, že se na saních sveze sama.

Aunque parecía ligera de aspecto, pesaba ciento veinte libras.

Ačkoli byla lehká, vážila sto dvacet liber.

Esa carga adicional era demasiado para los perros hambrientos y débiles.

Ta dodatečná zátěž byla pro hladovějící a slabé psy příliš velká.

Aún así, ella cabalgó durante días, hasta que los perros se desplomaron en las riendas.

Přesto jela celé dny, dokud se psi nezhroutili pod otěžemi.

El trineo se detuvo y Charles y Hal le rogaron que caminara.

Sáně se zastavily a Charles s Halem ji prosili, aby šla pěšky.

Ellos suplicaron y rogaron, pero ella lloró y los llamó crueles.

Prosili a úpěnlivě žádali, ale ona plakala a nazývala je krutými.

En una ocasión la sacaron del trineo con pura fuerza y enojo.

Jednou ji s velkou silou a vztekem stáhli ze saní.

Nunca volvieron a intentarlo después de lo que pasó aquella vez.

Po tom, co se tehdy stalo, to už nikdy nezkusili.

Ella se quedó flácida como un niño mimado y se sentó en la nieve.

Ochabla jako rozmazlené dítě a sedla si do sněhu.

Ellos siguieron adelante, pero ella se negó a levantarse o seguirlos.

Pokračovali dál, ale ona odmítla vstát nebo je následovat.

Después de tres millas, se detuvieron, regresaron y la llevaron de regreso.

Po třech mílích se zastavili, vrátili se a odnesli ji zpět.

La volvieron a cargar en el trineo, nuevamente usando la fuerza bruta.

Znovu ji naložili na saně, opět s použitím hrubé síly.

En su profunda miseria, fueron insensibles al sufrimiento de los perros.

Ve svém hlubokém neštěstí byli k utrpení psů bezcitní.

Hal creía que uno debía endurecerse y forzar esa creencia a los demás.

Hal věřil, že člověk se musí zatvrdit, a vnucoval tuto víru ostatním.

Primero intentó predicar su filosofía a su hermana.

Nejprve se pokusil kázat svou filozofii své sestře

y luego, sin éxito, le predicó a su cuñado.

a pak bez úspěchu kázal svému švagrovi.

Tuvo más éxito con los perros, pero sólo porque los lastimaba.

S psy měl větší úspěch, ale jen proto, že jim ubližoval.

En Five Fingers, la comida para perros se quedó completamente sin comida.

V obchodě Five Fingers došlo krmivo pro psy úplně.

Una vieja india desdentada vendió unas cuantas libras de cuero de caballo congelado

Bezzubá stará žena prodala pár liber zmrzlé koňské kůže

Hal cambió su revólver por la piel de caballo seca.

Hal vyměnil revolver za sušenou koňskou kůži.

La carne había procedido de caballos hambrientos de ganaderos meses antes.

Maso pocházelo od vyhladovělých koní chovatelů dobytka před měsíci.

Congelada, la piel era como hierro galvanizado: dura y incomestible.

Zmrzlá kůže byla jako pozinkované železo; tuhá a nepoživatelná.

Los perros tenían que masticar sin parar la piel para poder comérsela.

Psi museli kůži donekonečna okusovat, aby ji snědli.

Pero las cuerdas correosas y el pelo corto no constituían apenas alimento.

Ale kožené vlákna a krátké vlasy sotva mohly být potravou.

La mayor parte de la piel era irritante y no era alimento en ningún sentido estricto.

Většina kůže byla dráždivá a v pravém slova smyslu to nebylo jídlo.

Y durante todo ese tiempo, Buck se tambaleaba al frente, como en una pesadilla.

A během toho všeho se Buck vpředu potácel jako v noční můře.

Tiraba cuando podía, y cuando no, se quedaba tendido hasta que un látigo o un garrote lo levantaban.

Kdykoli mohl, táhl; když ne, ležel, dokud ho bič nebo kyj nezvedli.

Su fino y brillante pelaje había perdido toda la rigidez y brillo que alguna vez tuvo.

Jeho jemná, lesklá srst ztratila veškerou tuhost a lesk, které kdysi měla.

Su cabello colgaba lacio, enmarañado y cubierto de sangre seca por los golpes.

Vlasy mu visely zplihlé, rozcuchané a sražené zaschlou krví z úderů.

Sus músculos se encogieron hasta convertirse en cuerdas y sus almohadillas de carne estaban todas desgastadas.

Jeho svaly se scvrkly na provazce a jeho kožní polštářky byly všechny odřené.

Cada costilla, cada hueso se veía claramente a través de los pliegues de la piel arrugada.

Každé žebro, každá kost jasně vykukovala skrz záhyby vrásčité kůže.

Fue desgarrador, pero el corazón de Buck no podía romperse.

Bylo to srdcervoucí, ale Buckovi se srdce zlomit nemohlo.

El hombre del suéter rojo lo había probado y demostrado hacía mucho tiempo.

Muž v červeném svetru si to už dávno vyzkoušel a dokázal.

Tal como sucedió con Buck, sucedió con el resto de sus compañeros de equipo.

Stejně jako to bylo s Buckem, tak to bylo i se všemi jeho zbývajícími spoluhráči.

Eran siete en total, cada uno de ellos un esqueleto andante de miseria.

Bylo jich celkem sedm, každý z nich byl chodící kostrou utrpení.

Se habían vuelto insensibles a los latigazos y solo sentían un dolor distante.

Ztuhli k úderům bičem a cítili jen vzdálenou bolest.

Incluso la vista y el sonido les llegaban débilmente, como a través de una espesa niebla.

Dokonce i zrak a zvuk k nim doléhaly slabě, jako by skrz hustou mlhu.

No estaban ni medio vivos: eran huesos con tenues chispas en su interior.

Nebyly napůl živé – byly to kosti s matnými jiskrami uvnitř.

Al detenerse, se desplomaron como cadáveres y sus chispas casi desaparecieron.

Když se zastavili, zhroutili se jako mrtvoly, jejich jiskry téměř vyhasly.

Y cuando el látigo o el garrote volvían a golpear, las chispas revoloteaban débilmente.

A když bič nebo kyj udeřil znovu, jiskry slabě zachvěly.

Entonces se levantaron, se tambalearon hacia adelante y arrastraron sus extremidades hacia delante.

Pak se zvedli, potáceli se vpřed a táhli končetiny vpřed.

Un día el amable Billee se cayó y ya no pudo levantarse.

Jednoho dne laskavý Billee spadl a už se vůbec nemohl zvednout.

Hal había cambiado su revólver, por lo que utilizó un hacha para matar a Billee.

Hal vyměnil svůj revolver, a tak místo toho zabil Billeeho sekerou.

Lo golpeó en la cabeza, luego le cortó el cuerpo y se lo llevó arrastrado.

Udeřil ho do hlavy, pak mu rozřízl tělo a odtáhl ho pryč.

Buck vio esto, y también los demás; sabían que la muerte estaba cerca.

Buck to viděl a ostatní také; věděli, že smrt je blízko.

Al día siguiente Koona se fue, dejando sólo cinco perros en el equipo hambriento.

Druhý den Koona odešla a v hladovějícím spřežení zůstalo jen pět psů.

Joe, que ya no era malo, estaba demasiado perdido como para darse cuenta de gran cosa.

Joe, už ne zlý, byl příliš daleko na to, aby si vůbec něčeho všímal.

Pike, que ya no fingía su lesión, estaba apenas consciente.

Pike, který už nepředstíral své zranění, byl sotva při vědomí.

Solleks, todavía fiel, lamentó no tener fuerzas para dar.

Solleks, stále věrný, truchlil nad tím, že nemá sílu dát.

Teek fue el que más perdió porque estaba más fresco, pero su rendimiento se estaba agotando rápidamente.

Teek byl nejvíc poražen, protože byl svěžejší, ale rychle slábl.

Y Buck, todavía a la cabeza, ya no mantenía el orden ni lo hacía cumplir.

A Buck, stále v čele, už neudržoval pořádek ani ho nevymáhal.

Medio ciego por la debilidad, Buck siguió el rastro sólo por el tacto.

Napůl slepý slabostí Buck šel po stopě jen hmatem.

Era un hermoso clima primaveral, pero ninguno de ellos lo notó.

Bylo krásné jarní počasí, ale nikdo z nich si toho nevšiml.

Cada día el sol salía más temprano y se ponía más tarde que el anterior.

Každý den slunce vycházelo dříve a zapadalo později než předtím.

A las tres de la mañana ya había amanecido; el crepúsculo duró hasta las nueve.

Ve tři hodiny ráno se rozednilo; soumrak trval do devíti.

Los largos días estuvieron llenos del resplandor del sol primaveral.

Dlouhé dny byly naplněny zářivým jarním sluncem.

El silencio fantasmal del invierno se había transformado en un cálido murmullo.

Přízračné ticho zimy se změnilo v teplý šum.

Toda la tierra estaba despertando, viva con la alegría de los seres vivos.

Celá země se probouzela, ožívala radostí živých tvorů.

El sonido provenía de lo que había permanecido muerto e inmóvil durante el invierno.

Zvuk vycházel z toho, co leželo mrtvé a nehybné přes zimu.

Ahora, esas cosas se movieron nuevamente, sacudiéndose el largo sueño helado.

Teď se ty věci znovu pohnuly a setřásly dlouhý mrazivý spánek.

La savia subía a través de los oscuros troncos de los pinos que esperaban.

Míza stoupala z tmavých kmenů čekajících borovic.

Los sauces y los álamos brotan brillantes y jóvenes brotes en cada ramita.

Vrby a osiky na každé větvičce raší zářivé mladé pupeny.

Los arbustos y las enredaderas se vistieron de un verde fresco a medida que el bosque cobraba vida.

Keře a vinná réva se svěže zazelenaly, jak lesy ožívaly.

Los grillos cantaban por la noche y los insectos se arrastraban bajo el sol del día.

V noci štěbetali cvrčci a v denním slunci se hemžil hmyz.

Las perdices graznaban y los pájaros carpinteros picoteaban en lo profundo de los árboles.

Koroptve duněly a datli klepali hluboko ve stromech.

Las ardillas parloteaban, los pájaros cantaban y los gansos graznaban al hablarles a los perros.

Veverky štěbetaly, ptáci zpívali a husy kvílely nad psy.

Las aves silvestres llegaron en grupos afilados, volando desde el sur.

Divoké ptactvo se slétalo v ostrých klínech od jihu.

De cada ladera llegaba la música de arroyos ocultos y caudalosos.

Z každého svahu se linula hudba skrytých, zurčících potoků.

Todas las cosas se descongelaron y se rompieron, se doblaron y volvieron a ponerse en movimiento.

Všechno rozmrzlo, prasklo, ohnulo se a znovu se dalo do pohybu.

El Yukón se esforzó por romper las frías cadenas del hielo congelado.

Yukon se napínal, aby prolomil chladné řetězy zmrzlého ledu.

El hielo se derritió desde abajo, mientras que el sol lo derritió desde arriba.

Led se roztál zespodu, zatímco slunce ho roztápělo shora.

Se abrieron agujeros de aire, se abrieron grietas y algunos trozos cayeron al río.

Otevřely se větrací otvory, rozšířily se praskliny a kusy padaly do řeky.

En medio de toda esta vida frenética y llameante, los viajeros se tambaleaban.

Uprostřed všeho toho kypícího a planoucího života se cestovatelé potáceli.

Dos hombres, una mujer y una jauría de perros esquimales caminaban como muertos.

Dva muži, žena a smečka huskyů kráčeli jako mrtví.

Los perros caían, Mercedes lloraba, pero seguía montando el trineo.

Psi padali, Mercedes plakala, ale stále jela na saních.

Hal maldijo débilmente y Charles parpadeó con los ojos llorosos.

Hal slabě zaklel a Charles zamrkal slzavýma očima.

Se toparon con el campamento de John Thornton junto a la desembocadura del río Blanco.

Narazili na tábor Johna Thorntona u ústí Bílé řeky.

Cuando se detuvieron, los perros cayeron al suelo, como si todos hubieran muerto.

Když se zastavili, psi padli na zem, jako by byli všichni zasaženi smrtí.

Mercedes se secó las lágrimas y miró a John Thornton.

Mercedes si utřela slzy a pohlédla na Johna Thorntona.

Charles se sentó en un tronco, lenta y rígidamente, dolorido por el camino.

Karel seděl na kládě, pomalu a ztuhle, bolelo ho od bolesti z cesty.

Hal habló mientras Thornton tallaba el extremo del mango de un hacha.

Hal mluvil, zatímco Thornton vyřezával konec rukojeti sekery.

Él tallaba madera de abedul y respondía con respuestas breves y firmes.

Řezal březové dřevo a odpovídal krátkými, pevnými odpověďmi.

Cuando se le preguntó, dio consejos, seguro de que no serían seguidos.

Když byl požádán, dal radu, ale byl si jistý, že se jí nebude řídit.

Hal explicó: "Nos dijeron que el hielo del sendero se estaba desprendiendo".

Hal vysvětlil: „Řekli nám, že se led na stezce uvolňuje."

Dijeron que nos quedáramos allí, pero llegamos a White River.

„Říkali, že máme zůstat tady – ale do White River jsme se dostali."

Terminó con un tono burlón, como para proclamar la victoria en medio de las dificultades.

Skončil posměšným tónem, jako by si chtěl prohlásit vítězství v těžkostech.

—Y te dijeron la verdad —respondió John Thornton a Hal en voz baja.

„A říkali ti pravdu," odpověděl John Thornton Halovi tiše.

"El hielo puede ceder en cualquier momento; está a punto de desprenderse".

„Led může každou chvíli povolit – je připravený odpadnout."

"Solo la suerte ciega y los tontos pudieron haber llegado tan lejos con vida".

„Jen slepé štěstí a blázni se mohli dostat tak daleko přeživší."

"Te lo digo directamente: no arriesgaría mi vida ni por todo el oro de Alaska".

„Říkám ti rovnou, neriskoval bych život ani za všechno aljašské zlato."

—Supongo que es porque no eres tonto —respondió Hal.

„To je asi proto, že nejsi hlupák," odpověděl Hal.

—De todos modos, seguiremos hasta Dawson. —Desenrolló el látigo.

„Stejně tak půjdeme do Dawsonu." Rozvinul bič.

—¡Sube, Buck! ¡Hola! ¡Sube! ¡Vamos! —gritó con dureza.

„Vylez nahoru, Bucku! Nazdar! Vstaň! No tak!" křičel drsně.

Thornton siguió tallando madera, sabiendo que los tontos no escucharían razones.

Thornton dál řezbářil, protože věděl, že hlupáci na rozum neposlouchají.

Detener a un tonto era inútil, y dos o tres tontos no cambiaban nada.

Zastavit hlupáka bylo marné – a dva nebo tři hlupáci nic nezměnili.

Pero el equipo no se movió ante la orden de Hal.

Ale tým se na zvuk Halova rozkazu nepohnul.

A estas alturas, sólo los golpes podían hacerlos levantarse y avanzar.

V tuto chvíli je mohly zvednout a posunout vpřed už jen údery.

El látigo golpeó una y otra vez a los perros debilitados.

Bič znovu a znovu šlehal po zesláblých psech.

John Thornton apretó los labios con fuerza y observó en silencio.

John Thornton pevně stiskl rty a mlčky se díval.

Solleks fue el primero en ponerse de pie bajo el látigo.

Solleks se pod bičem jako první doplazil na nohy.

Entonces Teek lo siguió, temblando. Joe gritó al tambalearse.

Pak ho následoval třesoucí se Teek. Joe vykřikl, když se vyškrábal.

Pike intentó levantarse, falló dos veces y finalmente se mantuvo en pie, tambaleándose.

Pike se pokusil vstát, dvakrát selhal a pak se konečně nejistě postavil.

Pero Buck yacía donde había caído, sin moverse en absoluto este momento.

Ale Buck ležel tam, kde padl, tentokrát se vůbec nehýbal.

El látigo lo golpeaba una y otra vez, pero él no emitía ningún sonido.

Bič ho sekl znovu a znovu, ale on nevydal ani hlásku.

Él no se inmutó ni se resistió, simplemente permaneció quieto y en silencio.

Neuhnul ani se nebránil, prostě zůstal nehybný a tichý.

Thornton se movió más de una vez, como si fuera a hablar, pero no lo hizo.

Thornton se několikrát pohnul, jako by chtěl promluvit, ale neudělal to.

Sus ojos se humedecieron y el látigo siguió golpeando contra Buck.

Oči mu zvlhly a bič stále práskal do Bucka.

Finalmente, Thornton comenzó a caminar lentamente, sin saber qué hacer.

Konečně se Thornton začal pomalu procházet sem a tam, nejistý si, co má dělat.

Era la primera vez que Buck fallaba y Hal se puso furioso.

Bylo to poprvé, co Buck selhal, a Hal se rozzuřil.

Dejó el látigo y en su lugar tomó el pesado garrote.

Odhodil bič a místo toho zvedl těžký kyj.

El palo de madera cayó con fuerza, pero Buck todavía no se levantó para moverse.

Dřevěná kyj tvrdě dopadla, ale Buck se stále nezvedl, aby se pohnul.

Al igual que sus compañeros de equipo, era demasiado débil, pero más que eso.

Stejně jako jeho spoluhráči byl příliš slabý – ale víc než to.

Buck había decidido no moverse, sin importar lo que sucediera después.

Buck se rozhodl, že se nepohne, ať se stane cokoli.

Sintió algo oscuro y seguro flotando justo delante.

Cítil, jak se před ním vznáší něco temného a jistého.

Ese miedo se apoderó de él tan pronto como llegó a la orilla del río.

Ta hrůza ho zmocnila, jakmile dorazil na břeh řeky.

La sensación no lo había abandonado desde que sintió el hielo fino bajo sus patas.

Ten pocit ho neopustil od chvíle, kdy cítil, jak je led pod jeho tlapkami tenký.

Algo terrible lo esperaba; lo sintió más allá del camino.

Čekalo na něj něco hrozného – cítil to hned za ním.

No iba a caminar hacia esa cosa terrible que había delante.

Neměl v úmyslu jít k té hrozné věci před sebou.

Él no iba a obedecer ninguna orden que lo llevara a esa cosa.

Nehodlán poslechnout žádný rozkaz, který by ho k té věci dovedl.

El dolor de los golpes apenas lo afectaba ahora: estaba demasiado lejos.

Bolest z ran se ho teď sotva dotýkala – byl už příliš daleko.

La chispa de la vida parpadeaba débilmente y se apagaba bajo cada golpe cruel.

Jiskra života slabě mihotala, ztlumená pod každým krutým úderem.

Sus extremidades se sentían distantes; su cuerpo entero parecía pertenecer a otro.

Jeho končetiny se zdály vzdálené; celé jeho tělo jako by patřilo někomu jinému.

Sintió un extraño entumecimiento mientras el dolor desapareció por completo.

Pocítil zvláštní necitlivost, když bolest úplně odezněla.

Desde lejos, sentía que lo golpeaban, pero apenas lo sabía.

Z dálky cítil, že je bitý, ale sotva si to uvědomoval.

Podía oír los golpes débilmente, pero ya no dolían realmente.

Slabě slyšel ty dunivé údery, ale už ho doopravdy nebolely.

Los golpes dieron en el blanco, pero su cuerpo ya no parecía el suyo.

Údery dopadaly, ale jeho tělo už nepřipadalo jako jeho vlastní.

Entonces, de repente y sin previo aviso, John Thornton lanzó un grito salvaje.

Pak náhle, bez varování, John Thornton divokým výkřikem vyrazil.

Era un grito inarticulado, más el grito de una bestia que el de un hombre.

Bylo to nesrozumitelné, spíše křik zvířete než člověka.

Saltó hacia el hombre con el garrote y tiró a Hal hacia atrás.

Skočil na muže s obuškem a srazil Hala dozadu.

Hal voló como si lo hubiera golpeado un árbol y aterrizó con fuerza en el suelo.

Hal letěl, jako by ho srazil strom, a tvrdě přistál na zemi.

Mercedes gritó en pánico y se llevó las manos a la cara.

Mercedes hlasitě vykřikla panikou a chytila se za obličej.

Charles se limitó a mirar, se secó los ojos y permaneció sentado.

Karel se jen díval, otřel si oči a zůstal sedět.

Su cuerpo estaba demasiado rígido por el dolor para levantarse o ayudar en la pelea.

Jeho tělo bylo příliš ztuhlé bolestí, než aby se mohl zvednout nebo pomoci v boji.

Thornton se quedó de pie junto a Buck, temblando de furia, incapaz de hablar.

Thornton stál nad Buckem, třásl se vzteky a nebyl schopen promluvit.

Se estremeció de rabia y luchó por encontrar su voz a través de ella.

Třásl se vzteky a snažil se skrz ně najít hlas.

—Si vuelves a golpear a ese perro, te mataré —dijo finalmente.

„Jestli toho psa udeříš ještě jednou, zabiju tě," řekl nakonec.

Hal se limpió la sangre de la boca y volvió a avanzar.

Hal si setřel krev z úst a znovu přistoupil.

—Es mi perro —murmuró—. ¡Quítate del medio o te curaré!

„To je můj pes," zamumlal. „Uhni mi z cesty, nebo tě napravím."

"Voy a Dawson y no me lo vas a impedir", añadió.

„Jedu do Dawsonu a ty mě nezastavíš," dodal.

Thornton se mantuvo firme entre Buck y el joven enojado.

Thornton stál pevně mezi Buckem a rozzlobeným mladíkem.

No tenía intención de hacerse a un lado o dejar pasar a Hal.

Neměl v úmyslu ustoupit stranou ani nechat Hala projít.

Hal sacó su cuchillo de caza, largo y peligroso en la mano.

Hal vytáhl svůj lovecký nůž, dlouhý a nebezpečný v ruce.

Mercedes gritó, luego lloró y luego rió con una histeria salvaje.

Mercedes křičela, pak plakala a pak se divoce hystericky smála.

Thornton golpeó la mano de Hal con el mango de su hacha, fuerte y rápido.

Thornton udeřil Hala do ruky násadou sekery, silně a rychle.

El cuchillo se soltó del agarre de Hal y voló al suelo.

Nůž Halovi vypadl z rukou a odletěl na zem.

Hal intentó recoger el cuchillo y Thornton volvió a golpearle los nudillos.

Hal se pokusil zvednout nůž a Thornton si znovu zabušil do klouby prstů.

Entonces Thornton se agachó, agarró el cuchillo y lo sostuvo.

Pak se Thornton sehnul, popadl nůž a držel ho.

Con dos rápidos golpes del mango del hacha, cortó las riendas de Buck.

Dvěma rychlými údery rukojetí sekery přeřízl Buckovi otěže.

Hal ya no tenía fuerzas para luchar y se apartó del perro.
Hal v sobě nezbývala žádná bojovnost a ustoupil od psa.
Además, Mercedes necesitaba ahora ambos brazos para mantenerse erguida.
Kromě toho teď Mercedes potřebovala obě paže, aby se udržela ve vzpřímené poloze.
Buck estaba demasiado cerca de la muerte como para volver a ser útil para tirar de un trineo.
Buck byl příliš blízko smrti, než aby mohl znovu táhnout sáně.
Unos minutos después, se marcharon y se dirigieron río abajo.
O pár minut později vyjeli a zamířili dolů po řece.
Buck levantó la cabeza débilmente y los observó mientras salían del banco.
Buck slabě zvedl hlavu a sledoval, jak odcházejí z banky.
Pike lideró el equipo, con Solleks en la parte trasera, al volante.
Pike vedl tým, Solleks byl vzadu na místě volantu.
Joe y Teek caminaron entre ellos, ambos cojeando por el cansancio.
Joe a Teek šli mezi nimi, oba kulhali vyčerpáním.
Mercedes se sentó en el trineo y Hal agarró el largo palo.
Mercedes seděla na saních a Hal se držel dlouhé tyče.
Charles se tambaleó detrás, sus pasos torpes e inseguros.
Karel se klopýtal za nimi, jeho kroky byly neohrabané a nejisté.
Thornton se arrodilló junto a Buck y buscó con delicadeza los huesos rotos.
Thornton klekl vedle Bucka a jemně hledal zlomené kosti.
Sus manos eran ásperas pero se movían con amabilidad y cuidado.
Jeho ruce byly drsné, ale pohybovaly se s laskavostí a péčí.
El cuerpo de Buck estaba magullado pero no mostraba lesiones duraderas.
Buckovo tělo bylo pohmožděné, ale nevykazovalo žádná trvalá zranění.

Lo que quedó fue un hambre terrible y una debilidad casi total.

Zůstal jen hrozný hlad a téměř totální slabost.

Cuando esto quedó claro, el trineo ya había avanzado mucho río abajo.

Než se to vyjasnilo, saně už byly daleko po proudu.

El hombre y el perro observaron cómo el trineo se deslizaba lentamente sobre el hielo agrietado.

Muž a pes sledovali, jak se sáně pomalu plazí po praskajícím ledu.

Luego vieron que el trineo se hundía en un hueco.

Pak viděli, jak se saně propadají do prohlubně.

El mástil voló hacia arriba, con Hal todavía aferrándose a él en vano.

Tyč vyletěla vzhůru a Hal se jí stále marně držel.

El grito de Mercedes les llegó a través de la fría distancia.

Mercedesin výkřik k nim dolehl přes chladnou dálku.

Charles se giró y dio un paso atrás, pero ya era demasiado tarde.

Karel se otočil a ustoupil – ale bylo už pozdě.

Una capa de hielo entera cedió y todos ellos cayeron al suelo.

Celý ledový příkrov se propadl a všichni se skrz něj propadli.

Los perros, los trineos y las personas desaparecieron en el agua negra que había debajo.

Psi, saně a lidé zmizeli v černé vodě pod nimi.

En el hielo por donde habían pasado sólo quedaba un amplio agujero.

V místě, kudy prošli, zbyla v ledu jen široká díra.

El sendero se había hundido por completo, tal como Thornton había advertido.

Dno stezky se propadlo – přesně jak Thornton varoval.

Thornton y Buck se miraron el uno al otro y guardaron silencio por un momento.

Thornton a Buck se na sebe podívali a na okamžik zmlkli.

—Pobre diablo —dijo Thornton suavemente, y Buck le lamió la mano.

„Ty ubohý ďáblíku," řekl Thornton tiše a Buck mu olízl ruku.

Por el amor de un hombre
Z lásky k muži

John Thornton se congeló los pies en el frío del diciembre anterior.

Johnu Thorntonovi loni v prosinci omrzly nohy.

Sus compañeros lo hicieron sentir cómodo y lo dejaron recuperarse solo.

Jeho partneři ho uklidnili a nechali ho, aby se zotavil samotného.

Subieron al río para recoger una balsa de troncos para aserrar para Dawson.

Vydali se proti proudu řeky, aby nashromáždili vor řezacích klád pro Dawsona.

Todavía cojeaba ligeramente cuando rescató a Buck de la muerte.

Když zachránil Bucka před smrtí, stále mírně kulhal.

Pero como el clima cálido continuó, incluso esa cojera desapareció.

Ale s pokračujícím teplým počasím i to kulhání zmizelo.

Durante los largos días de primavera, Buck descansaba a orillas del río.

Buck odpočíval během dlouhých jarních dnů na břehu řeky.

Observó el agua fluir y escuchó a los pájaros y a los insectos.

Pozoroval tekoucí vodu a poslouchal ptáky a hmyz.

Lentamente, Buck recuperó su fuerza bajo el sol y el cielo.

Buck pod sluncem a oblohou pomalu nabýval na síle.

Un descanso fue maravilloso después de viajar tres mil millas.

Odpočinek po ujetých třech tisících mil byl úžasný.

Buck se volvió perezoso a medida que sus heridas sanaban y su cuerpo se llenaba.

Buck se stal líným, jak se mu hojily rány a tělo se mu vyplňovalo.

Sus músculos se reafirmaron y la carne volvió a cubrir sus huesos.

Jeho svaly zpevnily a maso se vrátilo, aby mu pokrylo kosti.

Todos estaban descansando: Buck, Thornton, Skeet y Nig.
Všichni odpočívali – Buck, Thornton, Skeet a Nig.
Esperaron la balsa que los llevaría a Dawson.
Čekali na vor, který je měl dopravit dolů do Dawsonu.
Skeet era un pequeño setter irlandés que se hizo amigo de Buck.
Skeet byl malý irský setr, který se spřátelil s Buckem.
Buck estaba demasiado débil y enfermo para resistirse a ella en su primer encuentro.
Buck byl příliš slabý a nemocný, aby jí při jejich prvním setkání odolal.
Skeet tenía el rasgo de sanador que algunos perros poseen naturalmente.
Skeet měl léčitelskou vlastnost, kterou někteří psi přirozeně mají.
Como una gata madre, lamió y limpió las heridas abiertas de Buck.
Jako kočičí matka olizovala a čistila Buckovy odřené rány.
Todas las mañanas, después del desayuno, repetía su minucioso trabajo.
Každé ráno po snídani opakovala svou pečlivou práci.
Buck llegó a esperar su ayuda tanto como la de Thornton.
Buck očekával její pomoc stejně jako Thorntonovu.
Nig también era amigable, pero menos abierto y menos cariñoso.
Nig byl také přátelský, ale méně otevřený a méně láskyplný.
Nig era un perro grande y negro, mitad sabueso y mitad lebrel.
Nig byl velký černý pes, zčásti krveprolití a zčásti jelení pes.
Tenía ojos sonrientes y un espíritu bondadoso sin límites.
Měl smějící se oči a v duši nekonečnou dobrosrdečnost.
Para sorpresa de Buck, ninguno de los perros mostró celos hacia él.
K Buckovu překvapení ani jeden pes na něj neprojevoval žárlivost.
Tanto Skeet como Nig compartieron la amabilidad de John Thornton.

Skeet i Nig sdíleli laskavost Johna Thorntona.

A medida que Buck se hacía más fuerte, lo atrajeron hacia juegos de perros tontos.

Jak Buck sílil, lákali ho do hloupých psích her.

Thornton también jugaba a menudo con ellos, incapaz de resistirse a su alegría.

Thornton si s nimi také často hrál, protože nemohl odolat jejich radosti.

De esta manera lúdica, Buck pasó de la enfermedad a una nueva vida.

Touto hravou formou se Buck přenesl z nemoci do nového života.

El amor, el amor verdadero, ardiente y apasionado, finalmente era suyo.

Láska – pravá, planoucí a vášnivá láska – konečně patřila jeho.

Nunca había conocido ese tipo de amor en la finca de Miller.

Na Millerově panství nikdy nepoznal takovou lásku.

Con los hijos del Juez había compartido trabajo y aventuras.

Se soudcovými syny sdílel práci i dobrodružství.

En los nietos vio un orgullo rígido y jactancioso.

U vnuků viděl strnulou a chvástavou pýchu.

Con el propio juez Miller mantuvo una amistad respetuosa.

Se samotným soudcem Millerem ho pojímalo uctivé přátelství.

Pero el amor que era fuego, locura y adoración llegó con Thornton.

Ale s Thorntonem přišla láska, která byla ohněm, šílenstvím a uctíváním.

Este hombre había salvado la vida de Buck, y eso solo significaba mucho.

Tento muž zachránil Buckovi život a už jen to samo o sobě hodně znamenalo.

Pero más que eso, John Thornton era el tipo de maestro ideal.

Ale víc než to, John Thornton byl ideálním typem mistra.

Otros hombres cuidaban perros por obligación o necesidad laboral.

Jiní muži se o psy starali z povinnosti nebo pracovní nutnosti.

John Thornton cuidaba a sus perros como si fueran sus hijos.

John Thornton se o své psy staral, jako by to byly jeho děti.

Él se preocupaba por ellos porque los amaba y simplemente no podía evitarlo.

Staral se o ně, protože je miloval a prostě si nemohl pomoct.

John Thornton vio incluso más lejos de lo que la mayoría de los hombres lograron ver.

John Thornton viděl ještě dál, než většina mužů kdy dokázala vidět.

Nunca se olvidó de saludarlos amablemente o decirles alguna palabra de aliento.

Nikdy nezapomněl je vlídně pozdravit nebo pronést povzbudivé slovo.

Le encantaba sentarse con los perros para tener largas charlas, o "gases", como él decía.

Miloval dlouhé rozhovory se psy, nebo jak říkal, „nadýmání".

Le gustaba agarrar bruscamente la cabeza de Buck entre sus fuertes manos.

Rád Buckovi hrubě svíral hlavu svýma silnýma rukama.

Luego apoyó su cabeza contra la de Buck y lo sacudió suavemente.

Pak si opřel hlavu o Buckovu a jemně s ní zatřásl.

Mientras tanto, él llamaba a Buck con nombres groseros que significaban amor para Buck.

Celou dobu Buckovi nadával sprostými jmény, která pro Bucka znamenala lásku.

Para Buck, ese fuerte abrazo y esas palabras le trajeron una profunda alegría.

Buckovi to drsné objetí a ta slova přinesly hlubokou radost.

Su corazón parecía latir con fuerza de felicidad con cada movimiento.

Zdálo se, že se mu srdce při každém pohybu uvolňuje štěstím.

Cuando se levantó de un salto, su boca parecía como si se estuviera riendo.

Když potom vyskočil, jeho ústa vypadala, jako by se smála.

Sus ojos brillaban intensamente y su garganta temblaba con una alegría tácita.

Oči mu jasně zářily a hrdlo se mu třáslo nevyslovenou radostí.

Su sonrisa se detuvo en ese estado de emoción y afecto resplandeciente.

Jeho úsměv v tom stavu emocí a zářící náklonnosti nehybně stával.

Entonces Thornton exclamó pensativo: "¡Dios! ¡Casi puede hablar!"

Pak Thornton zamyšleně zvolal: „Bože! Vždyť už skoro umí mluvit!"

Buck tenía una extraña forma de expresar amor que casi causaba dolor.

Buck měl zvláštní způsob vyjadřování lásky, který mu málem způsoboval bolest.

A menudo apretaba muy fuerte la mano de Thornton entre los dientes.

Často velmi pevně svíral Thorntonovu ruku v zubech.

La mordedura iba a dejar marcas profundas que permanecerían durante algún tiempo.

Kousnutí mělo zanechat hluboké stopy, které zůstaly ještě nějakou dobu poté.

Buck creía que esos juramentos eran de amor y Thornton lo sabía también.

Buck věřil, že ty přísahy jsou láska, a Thornton věděl totéž.

La mayoría de las veces, el amor de Buck se demostraba en una adoración silenciosa, casi silenciosa.

Buckova láska se nejčastěji projevovala v tichém, téměř němém zbožňování.

Aunque se emocionaba cuando lo tocaban o le hablaban, no buscaba atención.

Ačkoli byl nadšený, když se ho někdo dotkl nebo na něj oslovil, nevyhledával pozornost.

Skeet empujó su nariz bajo la mano de Thornton hasta que él la acarició.

Skeet strčila čumákem pod Thorntonovu ruku, dokud ji nepohladil.

Nig se acercó en silencio y apoyó su gran cabeza en la rodilla de Thornton.

Nig tiše přistoupil a položil svou velkou hlavu na Thorntonovo koleno.

Buck, por el contrario, se conformaba con amar desde una distancia respetuosa.

Buck se naopak spokojil s láskou projevovanou z uctivé vzdálenosti.

Durante horas permaneció tendido a los pies de Thornton, alerta y observando atentamente.

Hodiny ležel Thorntonovi u nohou, bdělý a bedlivě sledoval.

Buck estudió cada detalle del rostro de su amo y su más mínimo movimiento.

Buck studoval každý detail tváře svého pána a jeho sebemenší pohyb.

O yacía más lejos, estudiando la figura del hombre en silencio.

Nebo ležel dál a mlčky studoval mužovu postavu.

Buck observó cada pequeño movimiento, cada cambio de postura o gesto.

Buck sledoval každý malý pohyb, každou změnu postoje nebo gesta.

Tan poderosa era esta conexión que a menudo atraía la mirada de Thornton.

Toto spojení bylo tak silné, že často přitahovalo Thorntonův pohled.

Sostuvo la mirada de Buck sin palabras, pero el amor brillaba claramente a través de ella.

Beze slov se setkal s Buckovým pohledem, z něhož jasně zářila láska.

Durante mucho tiempo después de ser salvado, Buck nunca perdió de vista a Thornton.

Dlouho poté, co byl Buck zachráněn, nespustil Thorntona z dohledu.

Cada vez que Thornton salía de la tienda, Buck lo seguía de cerca afuera.

Kdykoli Thornton opustil stan, Buck ho těsně následoval ven.

Todos los amos severos de las Tierras del Norte habían hecho que Buck tuviera miedo de confiar.

Všichni ti drsní páni na Severu Bucka zastrašili a zbavili ho důvěry.

Temía que ningún hombre pudiera seguir siendo su amo durante más de un corto tiempo.

Bál se, že žádný muž nemůže zůstat jeho pánem déle než krátkou dobu.

Temía que John Thornton desapareciera como Perrault y François.

Bál se, že John Thornton zmizí jako Perrault a François.

Incluso por la noche, el miedo a perderlo acechaba el sueño inquieto de Buck.

I v noci pronásledoval Buckův neklidný spánek strach ze ztráty.

Cuando Buck se despertó, salió a escondidas al frío y fue a la tienda de campaña.

Když se Buck probudil, vyplížil se do chladu a šel ke stanu.

Escuchó atentamente el suave sonido de la respiración en su interior.

Pozorně naslouchal, jestli neuslyší tichý zvuk vnitřního dýchání.

A pesar del profundo amor de Buck por John Thornton, lo salvaje siguió vivo.

Navzdory Buckově hluboké lásce k Johnu Thorntonovi divočina zůstala naživu.

Ese instinto primitivo, despertado en el Norte, no desapareció.

Ten primitivní instinkt, probuzený na Severu, nezmizel.

El amor trajo devoción, lealtad y el cálido vínculo del fuego.

Láska přinesla oddanost, věrnost a vřelé pouto u krbu.

Pero Buck también mantuvo sus instintos salvajes, agudos y siempre alerta.

Buck si ale také zachoval své divoké instinkty, bystré a neustále ve střehu.

No era sólo una mascota domesticada de las suaves tierras de la civilización.

Nebyl to jen ochočený mazlíček z měkkých končin civilizace.

Buck era un ser salvaje que había venido a sentarse junto al fuego de Thornton.

Buck byl divoký tvor, který si přišel sednout k Thorntonovu ohni.

Parecía un perro del Sur, pero en su interior vivía lo salvaje.

Vypadal jako pes z Jihu, ale v sobě žil divokost.

Su amor por Thornton era demasiado grande como para permitirle robarle algo.

Jeho láska k Thorntonovi byla příliš velká na to, aby mu dovolila okrást ho.

Pero en cualquier otro campamento, robaría con valentía y sin pausa.

Ale v jakémkoli jiném táboře by kradl směle a bez zaváhání.

Era tan astuto al robar que nadie podía atraparlo ni acusarlo.

Byl tak chytrý v krádeži, že ho nikdo nemohl chytit ani obvinit.

Su rostro y su cuerpo estaban cubiertos de cicatrices de muchas peleas pasadas.

Jeho obličej a tělo byly pokryty jizvami z mnoha minulých bojů.

Buck seguía luchando con fiereza, pero ahora luchaba con más astucia.

Buck stále bojoval zuřivě, ale teď bojoval s větší lstivostí.

Skeet y Nig eran demasiado amables para pelear, y eran de Thornton.

Skeet a Nig byli příliš jemní na to, aby se s nimi bojovalo, a patřili Thorntonovi.

Pero cualquier perro extraño, por fuerte o valiente que fuese, cedía.

Ale každý cizí pes, bez ohledu na to, jak silný nebo statečný byl, ustoupil.

De lo contrario, el perro se encontraría luchando contra Buck; luchando por su vida.

Jinak se pes ocitl v situaci, kdy s Buckem bojoval; bojoval o život.

Buck no tuvo piedad una vez que decidió pelear contra otro perro.

Buck neměl slitování, jakmile se rozhodl bojovat s jiným psem.

Había aprendido bien la ley del garrote y el colmillo en las Tierras del Norte.

Dobře se naučil zákon kyje a tesáku na Severu.

Él nunca renunció a una ventaja y nunca se retractó de la batalla.

Nikdy se nevzdal výhody a nikdy neustoupil z bitvy.

Había estudiado a los Spitz y a los perros más feroces del correo y de la policía.

Studoval Špice a nejzuřivější poštovní a policejní psy.

Sabía claramente que no había término medio en un combate salvaje.

Jasně věděl, že v divokém boji není střední cesta.

Él debía gobernar o ser gobernado; mostrar misericordia significaba mostrar debilidad.

Musel vládnout, nebo být ovládán; projevit milosrdenství znamenalo projevit slabost.

Mercy era una desconocida en el crudo y brutal mundo de la supervivencia.

V surovém a brutálním světě přežití bylo milosrdenství neznámé.

Mostrar misericordia era visto como miedo, y el miedo conducía rápidamente a la muerte.

Projevování milosrdenství bylo vnímáno jako strach a strach rychle vedl k smrti.

La antigua ley era simple: matar o ser asesinado, comer o ser comido.

Starý zákon byl jednoduchý: zabij, nebo budeš zabit, sněz, nebo budeš sežrán.

Esa ley vino desde las profundidades del tiempo, y Buck la siguió plenamente.

Ten zákon pocházel z hlubin času a Buck se jím plně řídil.

Buck era mayor que su edad y el número de respiraciones que tomaba.

Buck byl starší, než na jaký věk a kolik nádechů se nadechl.

Conectó claramente el pasado antiguo con el momento presente.

Jasně propojil dávnou minulost s přítomností.

Los ritmos profundos de las épocas lo atravesaban como mareas.

Hluboké rytmy věků se jím proháněly jako příliv a odliv.

El tiempo latía en su sangre con la misma seguridad con la que las estaciones movían la tierra.

Čas mu v krvi pulzoval stejně jistě, jako se roční období pohybovala zemí.

Se sentó junto al fuego de Thornton, con el pecho fuerte y los colmillos blancos.

Seděl u Thorntonova ohně, se silnou hrudí a bílými tesáky.

Su largo pelaje ondeaba, pero detrás de él los espíritus de los perros salvajes observaban.

Jeho dlouhá srst vlala, ale za ním ho pozorovali duchové divokých psů.

Lobos medio y lobos completos se agitaron dentro de su corazón y sus sentidos.

V jeho srdci a smyslech se probouzely poloviční i skuteční vlci.

Probaron su carne y bebieron la misma agua que él.

Ochutnali jeho maso a pili stejnou vodu jako on.

Olfatearon el viento junto a él y escucharon el bosque.

Nasmívali se větru vedle něj a naslouchali lesu.

Susurraron los significados de los sonidos salvajes en la oscuridad.

Šeptali významy divokých zvuků ve tmě.

Ellos moldearon sus estados de ánimo y guiaron cada una de sus reacciones tranquilas.

Formovaly jeho nálady a řídily každou z jeho tichých reakcí.

Se quedaron con él mientras dormía y se convirtieron en parte de sus sueños más profundos.

Ležely s ním, když spal, a stávaly se součástí jeho hlubokých snů.

Soñaron con él, más allá de él, y constituyeron su propio espíritu.

Snili s ním, překračovali jeho hranice, a tvořili jeho samotnou duši.

Los espíritus de la naturaleza llamaron con tanta fuerza que Buck se sintió atraído.

Duchové divočiny volali tak silně, že se Buck cítil přitahován.

Cada día, la humanidad y sus reivindicaciones se debilitaban más en el corazón de Buck.

Lidstvo a jeho nároky v Buckově srdci každým dnem slábly.

En lo profundo del bosque, un llamado extraño y emocionante estaba por surgir.

Hluboko v lese se mělo ozvat zvláštní a vzrušující volání.

Cada vez que escuchaba el llamado, Buck sentía un impulso que no podía resistir.

Pokaždé, když Buck uslyšel volání, pocítil nutkání, kterému nemohl odolat.

Él iba a alejarse del fuego y de los caminos humanos trillados.

Chystal se odvrátit od ohně a od vyšlapaných lidských cest.

Iba a adentrarse en el bosque, avanzando sin saber por qué.

Chystal se vrhnout se do lesa, jít vpřed, aniž by věděl proč.

Él no cuestionó esta atracción porque el llamado era profundo y poderoso.

Nezpochybňoval tuto přitažlivost, neboť volání bylo hluboké a silné.

A menudo, alcanzaba la sombra verde y la tierra suave e intacta.

Často dosahoval zeleného stínu a měkké nedotčené země

Pero entonces el fuerte amor por John Thornton lo atrajo de nuevo al fuego.

Ale pak ho silná láska k Johnu Thorntonovi přitáhla zpět k ohni.

Sólo John Thornton realmente pudo sostener en sus manos el corazón salvaje de Buck.

Pouze John Thornton skutečně držel Buckovo divoké srdce ve svém sevření.

El resto de la humanidad no tenía ningún valor o significado duradero para Buck.

Zbytek lidstva pro Bucka neměl žádnou trvalou hodnotu ani význam.

Los extraños podrían elogiarlo o acariciar su pelaje con manos amistosas.

Cizí lidé by ho mohli chválit nebo přátelsky hladit jeho srst.

Buck permaneció impasible y se alejó por demasiado afecto.

Buck zůstal nehnut a odešel z přílišné náklonnosti.

Hans y Pete llegaron con la balsa que habían esperado durante tanto tiempo.

Hans a Pete dorazili s vorem, na který se dlouho čekalo.

Buck los ignoró hasta que supo que estaban cerca de Thornton.

Buck je ignoroval, dokud se nedozvěděl, že jsou blízko Thorntonu.

Después de eso, los toleró, pero nunca les mostró total calidez.

Poté je toleroval, ale nikdy jim neprojevoval plnou vřelost.

Él aceptaba comida o gentileza de ellos como si les estuviera haciendo un favor.

Přijímal od nich jídlo nebo laskavost, jako by jim prokazoval laskavost.

Eran como Thornton: sencillos, honestos y claros en sus pensamientos.

Byli jako Thornton – prostí, čestní a s jasným myšlením.

Todos juntos viajaron al aserradero de Dawson y al gran remolino.

Všichni společně cestovali k Dawsonově pile a k velkému víru

En su viaje aprendieron a comprender profundamente la naturaleza de Buck.

Na své cestě se naučili hluboce porozumět Buckově povaze.

No intentaron acercarse como lo habían hecho Skeet y Nig.

Nesnažili se sblížit jako Skeet a Nig.

Pero el amor de Buck por John Thornton solo se profundizó con el tiempo.

Buckova láska k Johnu Thorntonovi se ale časem jen prohlubovala.

Sólo Thornton podía colocar una mochila en la espalda de Buck en el verano.

Jen Thornton dokázal v létě Buckovi na záda naložit batoh.

Cualquiera que fuera lo que Thornton ordenaba, Buck estaba dispuesto a hacerlo a cabalidad.

Ať už Thornton přikázal cokoli, Buck byl ochoten splnit vše, co potřeboval.

Un día, después de que dejaron Dawson hacia las cabeceras del río Tanana,

Jednoho dne, poté, co opustili Dawson a vydali se k pramenům řeky Tanany,

El grupo se sentó en un acantilado que caía un metro hasta el lecho rocoso desnudo.

Skupina seděla na útesu, který se svažoval o metr níže k holé skále.

John Thornton se sentó cerca del borde y Buck descansó a su lado.

John Thornton seděl blízko okraje a Buck odpočíval vedle něj.

Thornton tuvo una idea repentina y llamó la atención de los hombres.

Thorntona náhle napadla myšlenka a upoutal pozornost mužů.

Señaló hacia el otro lado del abismo y le dio a Buck una única orden.

Ukázal přes propast a dal Buckovi jediný rozkaz.

—¡Salta, Buck! —dijo, extendiendo el brazo por encima del precipicio.

„Skoč, Bucku!" řekl a natáhl ruku přes propast.

En un momento, tuvo que agarrar a Buck, quien estaba saltando para obedecer.

V okamžiku musel chytit Bucka, který se chystal poslechnout.

Hans y Pete corrieron hacia adelante y los pusieron a ambos a salvo.

Hans a Pete se vrhli dopředu a odtáhli oba zpět do bezpečí.

Cuando todo terminó y recuperaron el aliento, Pete habló.

Když všechno skončilo a oni popadli dech, promluvil Pete.

"El amor es extraño", dijo, conmocionado por la feroz devoción del perro.

„Ta láska je zlověstná," řekl, otřesen psí zuřivou oddaností.

Thornton meneó la cabeza y respondió con seriedad y calma.

Thornton zavrtěl hlavou a odpověděl s klidnou vážností.

"No, el amor es espléndido", dijo, "pero también terrible".

„Ne, láska je nádherná," řekl, „ale také hrozná."

"A veces, debo admitirlo, este tipo de amor me da miedo".

„Někdy musím přiznat, že mě tenhle druh lásky děsí."

Pete asintió y dijo: "Odiaría ser el hombre que te toque".

Pete přikývl a řekl: „Nerad bych byl ten muž, co se tě dotkne."

Miró a Buck mientras hablaba, serio y lleno de respeto.

Při řeči se na Bucka díval vážně a plný úcty.

—¡Py Jingo! —dijo Hans rápidamente—. Yo tampoco, señor.

„Py Jingo!" řekl Hans rychle. „Já taky ne, pane."

Antes de que terminara el año, los temores de Pete se hicieron realidad en Circle City.

Ještě před koncem roku se Petovy obavy v Circle City naplnily.

Un hombre cruel llamado Black Burton provocó una pelea en el bar.

Krutý muž jménem Black Burton se v baru popral.

Estaba enojado y malicioso, arremetiendo contra un nuevo novato.

Byl rozzlobený a zlomyslný a útočil na nového mladíka.

John Thornton entró en escena, tranquilo y afable como siempre.

Vstoupil John Thornton, klidný a dobromyslný jako vždy.

Buck yacía en un rincón, con la cabeza gacha, observando a Thornton de cerca.

Buck ležel v rohu se sklopenou hlavou a pozorně sledoval Thorntona.

Burton atacó de repente, y su puñetazo hizo que Thornton girara.

Burton náhle udeřil a jeho rána Thorntona zatočila.

Sólo la barandilla de la barra evitó que se estrellara con fuerza contra el suelo.

Pouze zábradlí hrazdy ho zabránilo v prudkém pádu na zem.

Los observadores oyeron un sonido que no era un ladrido ni un aullido.

Pozorovatelé slyšeli zvuk, který nebyl štěkání ani kňučení

Un rugido profundo salió de Buck mientras se lanzaba hacia el hombre.

Buck se ozval hlubokým řevem, když se vrhl k muži.

Burton levantó el brazo y apenas salvó su vida.

Burton zvedl ruku a jen tak tak si zachránil život.

Buck se estrelló contra él y lo tiró al suelo.

Buck do něj narazil a srazil ho na podlahu.

Buck mordió profundamente el brazo del hombre y luego se abalanzó sobre su garganta.

Buck se hluboce zakousl do mužovy paže a pak se vrhl na krk.

Burton sólo pudo bloquearlo parcialmente y su cuello quedó destrozado.

Burton dokázal blokovat jen částečně a měl roztržený krk.

Los hombres se apresuraron a entrar, con los garrotes en alto, y apartaron a Buck del hombre sangrante.

Muži vtrhli dovnitř s zdviženými obušky a odhnali Bucka od krvácejícího muže.

Un cirujano trabajó rápidamente para detener la fuga de sangre.

Chirurg rychle zasáhl, aby zastavil krvácení.

Buck caminaba de un lado a otro y gruñía, intentando atacar una y otra vez.

Buck přecházel sem a tam a vrčel a pokoušel se znovu a znovu zaútočit.

Sólo los golpes con los palos le impidieron llegar hasta Burton.

Pouze hole mu zabránily dosáhnout Burtona.

Allí mismo se convocó y celebró una asamblea de mineros.

Byla svolána a na místě se konala schůze horníků.

Estuvieron de acuerdo en que Buck había sido provocado y votaron por liberarlo.

Shodli se, že Buck byl vyprovokován, a hlasovali pro jeho propuštění.

Pero el feroz nombre de Buck ahora resonaba en todos los campamentos de Alaska.

Ale Buckovo nelítostné jméno se nyní ozývalo v každém táboře na Aljašce.

Más tarde ese otoño, Buck salvó a Thornton nuevamente de una nueva manera.

Později téhož podzimu Buck Thorntona znovu zachránil novým způsobem.

Los tres hombres guiaban un bote largo por rápidos agitados.

Ti tři muži řídili dlouhý člun po rozbouřených peřejích.

Thornton tripulaba el bote, gritando instrucciones para llegar a la costa.

Thornton řídil loď a volal pokyny k pobřeží.

Hans y Pete corrieron por la tierra, sosteniendo una cuerda de árbol a árbol.

Hans a Pete běželi po souši a drželi se za provaz převázaný od stromu ke stromu.

Buck seguía el ritmo en la orilla, siempre observando a su amo.

Buck držel krok na břehu a neustále sledoval svého pána.

En un lugar desagradable, las rocas sobresalían bajo el agua rápida.

Na jednom nepříjemném místě vyčnívaly pod rychlou vodou skály.

Hans soltó la cuerda y Thornton dirigió el bote hacia otro lado.

Hans pustil lano a Thornton stočil loď do strany.

Hans corrió para alcanzar el barco nuevamente más allá de las rocas peligrosas.

Hans sprintoval, aby znovu dohnal loď za nebezpečnými skalami.

El barco superó la cornisa pero se topó con una parte más fuerte de la corriente.

Loď sice překonala římsu, ale narazila do silnější části proudu.

Hans agarró la cuerda demasiado rápido y desequilibró el barco.

Hans příliš rychle chytil lano a vyvedl loď z rovnováhy.

El barco se volcó y se estrelló contra la orilla, boca abajo.

Loď se převrátila a narazila dnem vzhůru do břehu.

Thornton fue arrojado y arrastrado hacia la parte más salvaje del agua.

Thorntona vymrštilo a smetlo do nejdivočejší části vody.

Ningún nadador habría podido sobrevivir en esas aguas turbulentas y mortales.

Žádný plavec by v těch smrtelně dravých vodách nepřežil.

Buck saltó instantáneamente y persiguió a su amo río abajo.

Buck okamžitě skočil a pronásledoval svého pána po řece.

Después de trescientos metros, llegó por fin a Thornton.

Po třech stech metrech konečně dorazil k Thorntonu.

Thornton agarró la cola de Buck y Buck se giró hacia la orilla.

Thornton chytil Bucka za ocas a Buck se otočil ke břehu.

Nadó con todas sus fuerzas, luchando contra el arrastre salvaje del agua.

Plaval z plné síly a bojoval s divokým odporem vody.

Se movieron río abajo más rápido de lo que podían llegar a la orilla.

Pohybovali se po proudu rychleji, než stačili dosáhnout břehu.

Más adelante, el río rugía cada vez más fuerte mientras caía en rápidos mortales.

Řeka před nimi hučela hlasitěji, jak se řítila do smrtelně nebezpečných peřejí.

Las rocas cortaban el agua como los dientes de un peine enorme.

Kameny prořezávaly vodu jako zuby obrovského hřebenu.

La atracción del agua cerca de la caída era salvaje e ineludible.

Přitažlivost vody u propadliště byla prudká a nevyhnutelná.

Thornton sabía que nunca podrían llegar a la costa a tiempo.

Thornton věděl, že se jim nikdy nepodaří dostat se na břeh včas.

Raspó una roca, se estrelló contra otra,

Škrábal se o jeden kámen, narazil do druhého,

Y entonces se estrelló contra una tercera roca, agarrándola con ambas manos.

A pak narazil do třetí skály a chytil se jí oběma rukama.

Soltó a Buck y gritó por encima del rugido: "¡Vamos, Buck! ¡Vamos!".

Pustil Bucka a zakřičel přes řev: „Do toho, Bucku! Do toho!"

Buck no pudo mantenerse a flote y fue arrastrado por la corriente.

Buck se neudržel na hladině a byl stržen proudem.

Luchó con todas sus fuerzas, intentando girar, pero no consiguió ningún progreso.

Zuřivě bojoval, snažil se otočit, ale vůbec se mu nepodařilo pohnout se.

Entonces escuchó a Thornton repetir la orden por encima del rugido del río.

Pak uslyšel Thorntona, jak opakuje rozkaz přes hukot řeky.

Buck salió del agua y levantó la cabeza como para echar una última mirada.

Buck se vynořil z vody a zvedl hlavu, jako by se na něj naposledy podíval.

Luego se giró y obedeció, nadando hacia la orilla con resolución.

pak se otočil, poslechl a odhodlaně plaval ke břehu.

Pete y Hans lo sacaron a tierra en el último momento posible.

Pete a Hans ho v poslední možné chvíli vytáhli na břeh.

Sabían que Thornton podría aferrarse a la roca sólo por unos minutos más.

Věděli, že Thornton se skály vydrží držet už jen pár minut.

Corrieron por la orilla hasta un lugar mucho más arriba de donde estaba colgado.

Vyběhli po břehu k místu vysoko nad místem, kde visel.

Ataron la cuerda del bote al cuello y los hombros de Buck con cuidado.

Pečlivě přivázali Buckovi k krku a ramenům lano od lodi.

La cuerda estaba ajustada pero lo suficientemente suelta para permitir la respiración y el movimiento.

Lano bylo pevné, ale dostatečně volné pro dýchání a pohyb.

Luego lo lanzaron nuevamente al caudaloso y mortal río.

Pak ho znovu spustili do zurčící, smrtící řeky.

Buck nadó con valentía, pero perdió su ángulo debido a la fuerza de la corriente.

Buck plaval odvážně, ale minul svůj úhel a netrefil se do síly proudu.

Se dio cuenta demasiado tarde de que iba a dejar atrás a Thornton.

Příliš pozdě si uvědomil, že Thorntona mine.

Hans tiró de la cuerda con fuerza, como si Buck fuera un barco que se hundía.

Hans trhl lanem, jako by Buck byl převracející se loď.

La corriente lo arrastró hacia abajo y desapareció bajo la superficie.

Proud ho stáhl pod hladinu a on zmizel.

Su cuerpo chocó contra el banco antes de que Hans y Pete pudieran sacarlo.

Jeho tělo narazilo do břehu, než ho Hans a Pete vytáhli ven.

Estaba medio ahogado y le sacaron el agua a golpes.

Byl napůl utonutý a oni z něj vymlátili vodu.

Buck se puso de pie, se tambaleó y volvió a desplomarse en el suelo.

Buck vstal, zapotácel se a znovu se zhroutil na zem.

Entonces oyeron la voz de Thornton llevada débilmente por el viento.

Pak uslyšeli Thorntonův hlas slabě unášený větrem.

Aunque las palabras no eran claras, sabían que estaba cerca de morir.

Ačkoliv slova byla nejasná, věděli, že je blízko smrti.

El sonido de la voz de Thornton golpeó a Buck como una sacudida eléctrica.

Zvuk Thorntonova hlasu zasáhl Bucka jako elektrický šok.

Saltó y corrió por la orilla, regresando al punto de lanzamiento.

Vyskočil a běžel po břehu nahoru k místu startu.

Nuevamente ataron la cuerda a Buck, y nuevamente entró al arroyo.

Znovu přivázali k Buckovi lano a on znovu vstoupil do potoka.

Esta vez nadó directo y firmemente hacia el agua que palpitaba.

Tentokrát plaval přímo a pevně do proudící vody.

Hans soltó la cuerda con firmeza mientras Pete evitaba que se enredara.

Hans pomalu pouštíval lano, zatímco Pete ho bránil v jeho zamotání.

Buck nadó con fuerza hasta que estuvo alineado justo encima de Thornton.

Buck plaval ze všech sil, dokud se nedostal těsně nad Thornton.

Luego se dio la vuelta y se lanzó hacia abajo como un tren a toda velocidad.

Pak se otočil a řítil se dolů jako vlak v plné rychlosti.

Thornton lo vio venir, se preparó y le rodeó el cuello con los brazos.

Thornton ho uviděl přicházet, připravil se na odpor a objal ho kolem krku.

Hans ató la cuerda fuertemente alrededor de un árbol mientras ambos eran arrastrados hacia abajo.

Hans pevně uvázal lano kolem stromu, když byli oba staženi pod zem.

Cayeron bajo el agua y se estrellaron contra rocas y escombros del río.

Padali pod vodu a naráželi do skal a říčních sutin.

En un momento Buck estaba arriba y al siguiente Thornton se levantó jadeando.

V jednu chvíli byl Buck nahoře a v další Thornton vstal a zalapal po dechu.

Maltratados y asfixiados, se desviaron hacia la orilla y se pusieron a salvo.

Zbití a dusící se stočili k břehu a do bezpečí.

Thornton recuperó el conocimiento, acostado sobre un tronco a la deriva.

Thornton se probral a ležel na naplaveném kmeni.

Hans y Pete trabajaron duro para devolverle el aliento y la vida.

Hans a Pete tvrdě pracovali na tom, aby mu vrátili dech a život.

Su primer pensamiento fue para Buck, que yacía inmóvil y flácido.

Jeho první myšlenka patřila Buckovi, který ležel nehybně a bezvládně.

Nig aulló sobre el cuerpo de Buck y Skeet le lamió la cara suavemente.

Nig zavýjel nad Buckovým tělem a Skeet mu jemně olízl obličej.

Thornton, dolorido y magullado, examinó a Buck con manos cuidadosas.

Thornton, bolavý a pohmožděný, si Bucka pečlivě prohlédl.

Encontró tres costillas rotas, pero ninguna herida mortal en el perro.

Nalezl u psa zlomená tři žebra, ale žádná smrtelná zranění.

"Eso lo resuelve", dijo Thornton. "Acamparemos aquí". Y así lo hicieron.

„Tím je to vyřešeno," řekl Thornton. „Tady táboříme." A taky táboříli.

Se quedaron hasta que las costillas de Buck sanaron y pudo caminar nuevamente.

Zůstali tam, dokud se Buckovi nezahojila žebra a on znovu nemohl chodit.

Ese invierno, Buck realizó una hazaña que aumentó aún más su fama.

Té zimy Buck předvedl čin, který jeho slávu ještě více zvýšil.

Fue menos heroico que salvar a Thornton, pero igual de impresionante.

Bylo to méně hrdinské než záchrana Thorntona, ale stejně působivé.

En Dawson, los socios necesitaban suministros para un viaje lejano.

V Dawsonu potřebovali partneři zásoby na dalekou cestu.

Querían viajar hacia el Este, hacia tierras vírgenes y silvestres.

Chtěli cestovat na východ, do nedotčené divočiny.

La escritura de Buck en el Eldorado Saloon hizo posible ese viaje.

Buckův čin v saloonu Eldorado umožnil tuto cestu.

Todo empezó con hombres alardeando de sus perros mientras bebían.

Začalo to tím, že se muži u drinků chlubili svými psy.

La fama de Buck lo convirtió en blanco de desafíos y dudas.

Buckova sláva z něj udělala terč výzev a pochybností.

Thornton, orgulloso y tranquilo, se mantuvo firme en la defensa del nombre de Buck.

Thornton, hrdý a klidný, pevně hájil Buckovo jméno.

Un hombre dijo que su perro podía levantar doscientos cincuenta kilos con facilidad.

Jeden muž řekl, že jeho pes dokáže s lehkostí utáhnout pět set liber.

Otro dijo seiscientos, y un tercero se jactó de setecientos.

Další řekl šest set a třetí se chlubil sedmi sty.

"¡Pfft!" dijo John Thornton, "Buck puede tirar de un trineo de mil libras".

„Pch!" řekl John Thornton, „Buck utáhne tisícilibrové sáně."

Matthewson, un Rey de Bonanza, se inclinó hacia delante y lo desafió.

Matthewson, král Bonanzy, se naklonil dopředu a vyzval ho.

¿Crees que puede poner tanto peso en movimiento?

„Myslíš, že dokáže uvést do pohybu takovou váhu?"

"¿Y crees que puede tirar del peso cien yardas enteras?"

„A myslíš, že tu váhu dokáže utáhnout celých sto yardů?"

Thornton respondió con frialdad: «Sí. Buck es lo suficientemente bueno como para hacerlo».

Thornton chladně odpověděl: „Ano. Buck je dost pes na to, aby to dokázal."

"Pondrá mil libras en movimiento y las arrastrará cien yardas".

„Uvede do pohybu tisíc liber a utáhne to sto yardů."

Matthewson sonrió lentamente y se aseguró de que todos los hombres escucharan sus palabras.

Matthewson se pomalu usmál a ujistil se, že všichni muži slyšeli jeho slova.

Tengo mil dólares que dicen que no puede. Ahí está.

„Mám vsadit tisíc dolarů, že nemůže. Tady to je."

Arrojó un saco de polvo de oro del tamaño de una salchicha sobre la barra.

Práskl o bar pytelem zlatého prachu velikosti klobásy.

Nadie dijo una palabra. El silencio se hizo denso y tenso a su alrededor.

Nikdo neřekl ani slovo. Ticho kolem nich tížilo a napínalo se.

El engaño de Thornton —si es que lo hubo— había sido tomado en serio.

Thorntonův blaf – pokud to vůbec byl blaf – byl brán vážně.

Sintió que el calor le subía a la cara mientras la sangre le subía a las mejillas.

Cítil, jak se mu do tváří hrne horko, jak se mu do tváří hrne krev.

En ese momento su lengua se había adelantado a su razón.

V tu chvíli jeho jazyk předběhl rozum.

Realmente no sabía si Buck podría mover mil libras.

Opravdu nevěděl, jestli Buck dokáže pohnout tisíci liber.

¡Media tonelada! Solo su tamaño le hacía sentir un gran peso en el corazón.

Půl tuny! Už jen ta velikost mu ztěžovala srdce.

Tenía fe en la fuerza de Buck y creía que era capaz.

Věřil v Buckovu sílu a považoval ho za schopného.

Pero nunca se había enfrentado a un desafío así, no de esta manera.

Ale nikdy předtím nečelil takové výzvě, ne takovéhle.

Una docena de hombres lo observaban en silencio, esperando ver qué haría.

Tucet mužů ho tiše pozorovalo a čekalo, co udělá.

Él no tenía el dinero, ni tampoco Hans ni Pete.

Neměl peníze – ani Hans, ani Pete.

"Tengo un trineo afuera", dijo Matthewson fría y directamente.

„Mám venku sáně," řekl Matthewson chladně a přímočaře.

"Está cargado con veinte sacos de cincuenta libras cada uno, todo de harina.

„Je naloženo dvaceti pytli, každý o hmotnosti padesáti liber, samá mouka."

Así que no dejen que un trineo perdido sea su excusa ahora", añadió.

„Takže teď nenechte chybějící saně být vaší výmluvou," dodal.

Thornton permaneció en silencio. No sabía qué decir.

Thornton mlčel. Nevěděl, jaká slova by měl říct.

Miró a su alrededor los rostros sin verlos con claridad.

Rozhlédl se po tvářích, ale neviděl je jasně.

Parecía un hombre congelado en sus pensamientos, intentando reiniciarse.

Vypadal jako muž ztuhlý v myšlenkách, který se snaží znovu nastartovat.

Luego vio a Jim O'Brien, un amigo de la época de Mastodon.

Pak uviděl Jima O'Briena, přítele z dob Mastodonta.

Ese rostro familiar le dio un coraje que no sabía que tenía.

Ta známá tvář mu dodala odvahu, o které ani nevěděl, že ji má.

Se giró y preguntó en voz baja: "¿Puedes prestarme mil?"

Otočil se a tiše se zeptal: „Můžete mi půjčit tisíc?"

"Claro", dijo O'Brien, dejando caer un pesado saco junto al oro.

„Jasně," řekl O'Brien a už u zlata pustil těžký pytel.

"Pero la verdad, John, no creo que la bestia pueda hacer esto".

„Ale upřímně, Johne, nevěřím, že by tohle ta bestie dokázala."

Todos los que estaban en el Eldorado Saloon corrieron hacia afuera para ver el evento.

Všichni v saloonu Eldorado se vyhrnuli ven, aby se na událost podívali.

Abandonaron las mesas y las bebidas, e incluso los juegos se pausaron.

Opustili stoly a nápoje a dokonce i hry byly pozastaveny.

Comerciantes y jugadores acudieron para presenciar el final de la audaz apuesta.

Krupiéři a hazardní hráči se přišli podívat na konec odvážné sázky.

Cientos de personas se reunieron alrededor del trineo en la calle helada y abierta.

Stovky lidí se shromáždily kolem saní na zledovatělé otevřené ulici.

El trineo de Matthewson estaba cargado con un montón de sacos de harina.

Matthewsonovy sáně stály plné pytlů mouky.

El trineo había permanecido parado durante horas a temperaturas bajo cero.

Sáně stály hodiny v mínusových teplotách.

Los patines del trineo estaban congelados y pegados a la nieve compacta.

Běžce saní byly pevně přimrzlé k udusanému sněhu.

Los hombres ofrecieron dos a uno de que Buck no podría mover el trineo.

Muži vsadili dva ku jedné, že Buck nedokáže pohnout saněmi.

Se desató una disputa sobre lo que realmente significaba "break out".

Vypukl spor o to, co slovo „vybuchnout" skutečně znamená.

O'Brien dijo que Thornton debería aflojar la base congelada del trineo.

O'Brien řekl, že Thornton by měl uvolnit zamrzlou základnu saní.

Buck pudo entonces "escapar" de un comienzo sólido e inmóvil.

Buck se pak mohl „prorazit" z pevného, nehybného startu.

Matthewson argumentó que el perro también debe liberar a los corredores.

Matthewson argumentoval, že pes musí také osvobodit běžce.

Los hombres que habían escuchado la apuesta estuvieron de acuerdo con la opinión de Matthewson.

Muži, kteří sázku slyšeli, souhlasili s Matthewsonovým názorem.

Con esa decisión, las probabilidades aumentaron a tres a uno en contra de Buck.

S tímto rozhodnutím se kurz zvýšil na tři ku jedné proti Buckovi.

Nadie se animó a asumir las crecientes probabilidades de tres a uno.

Nikdo se nepostavil dopředu, aby využil rostoucího kurzu tři ku jedné.

Ningún hombre creyó que Buck pudiera realizar la gran hazaña.

Ani jeden muž nevěřil, že Buck dokáže takový velký čin.

Thornton se había apresurado a hacer la apuesta, cargado de dudas.

Thorntona do sázky vtáhli spěchaně, zahlceného pochybnostmi.

Ahora miró el trineo y el equipo de diez perros que estaba a su lado.

Teď se podíval na sáně a desetipsí spřežení vedle nich.

Ver la realidad de la tarea la hizo parecer más imposible.

Skutečnost, s jakou se úkol potýkal, ho ještě více ztěžovala.

Matthewson estaba lleno de orgullo y confianza en ese momento.

Matthewson byl v tu chvíli plný hrdosti a sebevědomí.

—¡Tres a uno! —gritó—. ¡Apuesto mil más, Thornton!

„Tři ku jedné!" křičel. „Vsadím se na další tisíc, Thorntone!"

"¿Qué dices?" añadió lo suficientemente alto para que todos lo oyeran.

„Co říkáš?" dodal dostatečně hlasitě, aby ho všichni slyšeli.

El rostro de Thornton mostraba sus dudas, pero su ánimo se había elevado.

Thorntonova tvář prozrazovala pochybnosti, ale jeho duch se povznesl.

Ese espíritu de lucha ignoraba las probabilidades y no temía a nada en absoluto.

Ten bojovný duch ignoroval překážky a nebál se vůbec ničeho.

Llamó a Hans y Pete para que trajeran todo su dinero a la mesa.

Zavolal Hanse a Peta, aby přinesli všechny své peníze ke stolu.

Les quedaba poco: sólo doscientos dólares en total.

Zbývalo jim málo – dohromady jen dvě stě dolarů.

Esta pequeña suma constituía su fortuna total en tiempos difíciles.

Tato malá částka představovala jejich celkové jmění v těžkých časech.

Aún así, apostaron toda su fortuna contra la apuesta de Matthewson.

Přesto vsadili veškeré jmění proti Matthewsonově sázce.

El equipo de diez perros fue desenganchado y se alejó del trineo.

Desetipsí spřežení bylo odvázáno a od saní se vzdálilo.

Buck fue colocado en las riendas, vistiendo su arnés familiar.

Buck byl posazen do otěží a měl na sobě svůj známý postroj.

Había captado la energía de la multitud y sentía la tensión.

Zachytil energii davu a cítil napětí.

De alguna manera, sabía que tenía que hacer algo por John Thornton.

Nějak věděl, že pro Johna Thorntona musí něco udělat.

La gente murmuraba con admiración ante la orgullosa figura del perro.

Lidé s obdivem šeptali nad psí hrdou postavou.

Era delgado y fuerte, sin un solo gramo de carne extra.

Byl štíhlý a silný, bez jediné unce masa navíc.

Su peso total de ciento cincuenta libras era todo potencia y resistencia.

Jeho celková váha sto padesáti liber byla v podstatě síla a vytrvalost.

El pelaje de Buck brillaba como la seda, espeso y saludable.

Buckův kabát se třpytil jako hedvábí, hustý zdravím a silou.

El pelaje a lo largo de su cuello y hombros pareció levantarse y erizarse.

Srst na krku a ramenou se mu zježila a naježila.

Su melena se movía levemente, cada cabello vivo con su gran energía.

Jeho hříva se lehce pohnula, každý vlas ožil jeho obrovskou energií.

Su pecho ancho y sus piernas fuertes hacían juego con su cuerpo pesado y duro.

Jeho široký hrudník a silné nohy ladily s jeho mohutnou, robustní postavou.

Los músculos se ondulaban bajo su abrigo, tensos y firmes como hierro.

Svaly pod jeho kabátem se vlnily, napjaté a pevné jako spoutané železo.

Los hombres lo tocaron y juraron que estaba construido como una máquina de acero.

Muži se ho dotýkali a přísahali, že je stavěný jako ocelový stroj.

Las probabilidades bajaron levemente a dos a uno contra el gran perro.

Kurz mírně klesl na dva ku jedné proti skvělému psu.

Un hombre de los bancos Skookum se adelantó, tartamudeando.

Muž ze Skookumových laviček se s koktáním protlačil vpřed.

—¡Bien, señor! ¡Ofrezco ochocientas libras por él, antes del examen, señor!

„Dobře, pane! Nabízím za něj osm set – ještě před zkouškou, pane!"

"¡Ochocientos, tal como está ahora mismo!" insistió el hombre.

„Osm set, jak teď stojí!" trval na svém muž.

Thornton dio un paso adelante, sonrió y meneó la cabeza con calma.

Thornton vystoupil vpřed, usmál se a klidně zavrtěl hlavou.

Matthewson intervino rápidamente con una voz de advertencia y el ceño fruncido.

Matthewson rychle vstoupil varovným hlasem a zamračil se.

—Debes alejarte de él —dijo—. Dale espacio.

„Musíš od něj ustoupit," řekl. „Dej mu prostor."

La multitud quedó en silencio; sólo los jugadores seguían ofreciendo dos a uno.

Dav ztichl; jen hazardní hráči stále sázeli dva ku jedné.

Todos admiraban la complexión de Buck, pero la carga parecía demasiado grande.

Všichni obdivovali Buckovu stavbu těla, ale náklad vypadal příliš velký.

Veinte sacos de harina, cada uno de cincuenta libras de peso, parecían demasiados.

Dvacet pytlů mouky – každý o hmotnosti padesáti liber – se zdálo příliš mnoho.

Nadie estaba dispuesto a abrir su bolsa y arriesgar su dinero.

Nikdo nebyl ochoten otevřít váček a riskovat své peníze.

Thornton se arrodilló junto a Buck y tomó su cabeza con ambas manos.

Thornton si klekl vedle Bucka a vzal mu hlavu do obou dlaní.

Presionó su mejilla contra la de Buck y le habló al oído.

Přitiskl tvář k Buckově a promluvil mu do ucha.

Ya no había apretones juguetones ni susurros de insultos amorosos.

Teď už se neozvalo žádné hravé třásání ani šeptání láskyplných urážek.

Él sólo murmuró suavemente: "Tanto como me amas, Buck".

Jen tiše zamumlal: „Stejně jako mě miluješ, Bucku."

Buck dejó escapar un gemido silencioso, su entusiasmo apenas fue contenido.

Buck tiše zakňučel, sotva potlačoval svou dychtivost.

Los espectadores observaron con curiosidad cómo la tensión llenaba el aire.

Přihlížející se zvědavostí sledovali, jak se vzduchem šíří napětí.

El momento parecía casi irreal, como algo más allá de la razón.

Ten okamžik se zdál téměř neskutečný, jako něco nerozumného.

Cuando Thornton se puso de pie, Buck tomó suavemente su mano entre sus mandíbulas.

Když Thornton vstal, Buck mu jemně vzal ruku do čelistí.

Presionó con los dientes y luego lo soltó lenta y suavemente.

Zatlačil zuby a pak pomalu a jemně pustil.

Fue una respuesta silenciosa de amor, no dicha, pero entendida.

Byla to tichá odpověď lásky, ne vyřčená, ale pochopená.

Thornton se alejó bastante del perro y dio la señal.

Thornton ustoupil daleko od psa a dal znamení.

—Ahora, Buck —dijo, y Buck respondió con calma y concentración.

„Tak, Bucku," řekl a Buck odpověděl se soustředěným klidem.

Buck apretó las correas y luego las aflojó unos centímetros.

Buck utáhl popruhy a pak je o pár centimetrů povolil.

Éste era el método que había aprendido; su manera de romper el trineo.

Tohle byla metoda, kterou se naučil; jeho způsob, jak rozbít sáně.

—¡Caramba! —gritó Thornton con voz aguda en el pesado silencio.

„Páni!" vykřikl Thornton ostrým hlasem v těžkém tichu.

Buck giró hacia la derecha y se lanzó con todo su peso.

Buck se otočil doprava a celou svou vahou se vrhl dovnitř.

La holgura desapareció y la masa total de Buck golpeó las cuerdas apretadas.

Vůle zmizela a Buckova celá hmotnost dopadla na úzké kolejnice.

El trineo tembló y los patines produjeron un crujido crujiente.

Sáně se třásly a jezdce vydávaly ostrý praskavý zvuk.

—¡Ja! —ordenó Thornton, cambiando nuevamente la dirección de Buck.

„Há!" zavelel Thornton a znovu změnil Buckův směr.

Buck repitió el movimiento, esta vez tirando bruscamente hacia la izquierda.

Buck zopakoval pohyb, tentokrát prudce zatáhl doleva.

El trineo crujió más fuerte y los patines crujieron y se movieron.

Sáně praskaly hlasitěji, kluzáky cvakaly a posouvaly se.

La pesada carga se deslizó ligeramente hacia un lado sobre la nieve congelada.

Těžký náklad se mírně posouval do strany po zmrzlém sněhu.

¡El trineo se había soltado del sendero helado!

Sáně se vytrhly ze sevření zledovatělé stezky!

Los hombres contenían la respiración, sin darse cuenta de que ni siquiera estaban respirando.

Muži zadržovali dech, aniž by si uvědomovali, že ani nedýchají.

—¡Ahora, TIRA! —gritó Thornton a través del silencio helado.

„A teď TAHNI!" zvolal Thornton mrazivým tichem.

La orden de Thornton sonó aguda, como el chasquido de un látigo.

Thorntonův rozkaz zazněl ostře, jako prásknutí bičem.

Buck se lanzó hacia adelante con una estocada feroz y estremecedora.

Buck se prudkým a prudkým výpadem vrhl vpřed.

Todo su cuerpo se tensó y se arrugó por la enorme tensión.

Celé jeho tělo se napjalo a shrblo při vypětí všech sil.

Los músculos se ondulaban bajo su pelaje como serpientes que cobraban vida.

Svaly se mu pod srstí vlnily jako ožívající hadi.

Su gran pecho estaba bajo y la cabeza estirada hacia delante, hacia el trineo.

Jeho mohutná hruď byla nízká, hlava natažená dopředu k saním.

Sus patas se movían como un rayo y sus garras cortaban el suelo helado.

Jeho tlapky se pohybovaly jako blesk, drápy řezaly do zmrzlé země.

Los surcos se abrieron profundos mientras luchaba por cada centímetro de tracción.

Drážky se mu vyřezávaly hluboko, zatímco bojoval o každý centimetr trakce.

El trineo se balanceó, tembló y comenzó un movimiento lento e inquieto.

Sáně se zakymácely, chvěly a začaly se pomalu a nejistě pohybovat.

Un pie resbaló y un hombre entre la multitud gimió en voz alta.

Jedna noha mu uklouzla a muž v davu hlasitě zasténal.

Entonces el trineo se lanzó hacia adelante con un movimiento brusco y espasmódico.

Pak se sáně trhavým, drsným pohybem vrhly vpřed.

No se detuvo de nuevo: media pulgada... una pulgada... dos pulgadas más.

Znovu se to nezastavilo – o půl palce... o palec... o dva palce víc.

Los tirones se hicieron más pequeños a medida que el trineo empezó a ganar velocidad.

Trhání se zmenšovalo, jak sáně začaly nabírat rychlost.

Pronto Buck estaba tirando con una potencia suave, uniforme y rodante.

Buck brzy táhl s hladkou, rovnoměrnou a valivou silou.

Los hombres jadearon y finalmente recordaron respirar de nuevo.

Muži zalapali po dechu a konečně si vzpomněli, že se mají znovu nadechnout.

No se habían dado cuenta de que su respiración se había detenido por el asombro.

Nevšimli si, že se jim úžasem zastavil dech.

Thornton corrió detrás, gritando órdenes breves y alegres.

Thornton běžel za ním a vykřikoval krátké, veselé povely.

Más adelante había una pila de leña que marcaba la distancia.

Před námi byla hromada dříví, která označovala vzdálenost.

A medida que Buck se acercaba a la pila, los vítores se hacían cada vez más fuertes.

Jak se Buck blížil k hromadě, jásot byl stále hlasitější a hlasitější.

Los aplausos aumentaron hasta convertirse en un rugido cuando Buck pasó el punto final.

Jásot přerostl v řev, když Buck prošel konečnou stanicí.

Los hombres saltaron y gritaron, incluso Matthewson sonrió.

Muži skákali a křičeli, dokonce i Matthewson se usmál.

Los sombreros volaron por el aire y los guantes fueron arrojados sin pensar ni rumbo.

Klobouky létaly do vzduchu, palčáky byly bezmyšlenkovitě a bezcílně pohazovány.

Los hombres se abrazaron y se dieron la mano sin saber a quién.

Muži se navzájem chytili a potřásli si rukama, aniž by věděli komu.

Toda la multitud vibró en una celebración salvaje y alegre.

Celý dav bzučel divokou, radostnou oslavou.

Thornton cayó de rodillas junto a Buck con manos temblorosas.

Thornton klesl s třesoucíma se rukama na kolena vedle Bucka.

Apretó su cabeza contra la de Buck y lo sacudió suavemente hacia adelante y hacia atrás.

Přitiskl hlavu k Buckově a jemně s ním zatřásl sem a tam.

Los que se acercaron le oyeron maldecir al perro con silencioso amor.

Ti, kdo se přiblížili, ho slyšeli, jak s tichou láskou psa proklínal.

Maldijo a Buck durante un largo rato, suavemente, cálidamente, con emoción.

Dlouho Bucka zaklel – tiše, vřele, s dojetím.

—¡Bien, señor! ¡Bien, señor! —gritó el rey del Banco Skookum a toda prisa.

„Výborně, pane! Výborně, pane!" zvolal spěšně král Skookumské lavičky.

—¡Le daré mil, no, mil doscientos, por ese perro, señor!

„Dám vám za toho psa tisíc – ne, dvanáct set – pane!"

Thornton se puso de pie lentamente, con los ojos brillantes de emoción.

Thornton se pomalu zvedl na nohy, oči mu zářily emocemi.

Las lágrimas corrían abiertamente por sus mejillas sin ninguna vergüenza.

Slzy mu stékaly po tvářích proudem, aniž by se za to styděl.

"Señor", le dijo al rey del Banco Skookum, firme y firme.

„Pane," řekl králi Skookumské lavičky klidně a pevně

—No, señor. Puede irse al infierno, señor. Esa es mi última respuesta.

„Ne, pane. Můžete jít do pekla, pane. To je moje konečná odpověď."

Buck agarró suavemente la mano de Thornton con sus fuertes mandíbulas.

Buck jemně chytil Thorntonovu ruku do svých silných čelistí.

Thornton lo sacudió juguetonamente; su vínculo era más profundo que nunca.

Thornton s ním hravě zatřásl, jejich pouto bylo hluboké jako vždy.

La multitud, conmovida por el momento, retrocedió en silencio.

Dav, dojat okamžikem, mlčky ustoupil.

Desde entonces nadie se atrevió a interrumpir tan sagrado afecto.

Od té doby se nikdo neodvážil přerušit tuto posvátnou náklonnost.

El sonido de la llamada
Zvuk volání

Buck había ganado mil seiscientos dólares en cinco minutos.
Buck si za pět minut vydělal šestnáct set dolarů.
El dinero permitió a John Thornton pagar algunas de sus deudas.
Peníze umožnily Johnu Thorntonovi splatit část jeho dluhů.
Con el resto del dinero se dirigió al Este con sus socios.
Se zbytkem peněz se se svými partnery vydal na východ.
Buscaban una legendaria mina perdida, tan antigua como el país mismo.
Hledali bájný ztracený důl, starý jako samotná země.
Muchos hombres habían buscado la mina, pero pocos la habían encontrado.
Mnoho mužů hledalo důl, ale jen málokdo ho našel.
Más de unos pocos hombres habían desaparecido durante la peligrosa búsqueda.
Během nebezpečné výpravy zmizelo více než několik mužů.
Esta mina perdida estaba envuelta en misterio y vieja tragedia.
Tento ztracený důl byl zahalen záhadou i starou tragédií.
Nadie sabía quién había sido el primer hombre que encontró la mina.
Nikdo nevěděl, kdo byl prvním mužem, který důl objevil.
Las historias más antiguas no mencionan a nadie por su nombre.
Nejstarší příběhy nezmiňují nikoho jménem.
Siempre había habido allí una antigua y destartalada cabaña.
Vždycky tam stávala stará zchátralá chata.
Los hombres moribundos habían jurado que había una mina al lado de aquella vieja cabaña.
Umírající muži přísahali, že vedle té staré chaty je důl.
Probaron sus historias con oro como ningún otro en ningún otro lugar.
Své příběhy dokázali zlatem, jaké se jinde nenajde.

Ningún alma viviente había jamás saqueado el tesoro de aquel lugar.

Nikdo živý nikdy poklad z toho místa neukradl.

Los muertos estaban muertos, y los muertos no cuentan historias.

Mrtví byli mrtví a mrtví muži nevyprávějí žádné příběhy.

Entonces Thornton y sus amigos se dirigieron al Este.

Thornton a jeho přátelé se tedy vydali na Východ.

Pete y Hans se unieron, trayendo a Buck y seis perros fuertes.

Pete a Hans se přidali a přivedli Bucka a šest silných psů.

Se embarcaron en un camino desconocido donde otros habían fracasado.

Vydali se neznámou cestou, kde jiní selhali.

Se deslizaron en trineo setenta millas por el congelado río Yukón.

Sáňkovali sedmdesát mil proti proudu zamrzlé řeky Yukon.

Giraron a la izquierda y siguieron el sendero hacia Stewart.

Odbočili doleva a šli po stezce do řeky Stewart.

Pasaron Mayo y McQuestion y siguieron adelante.

Minuli Mayo a McQuestion a pokračovali dál.

El río Stewart se encogió y se convirtió en un arroyo, atravesando picos irregulares.

Řeka Stewart se zmenšila do potoka, vinoucího se mezi rozeklanými vrcholky.

Estos picos afilados marcaban la columna vertebral del continente.

Tyto ostré vrcholy označovaly samotnou páteř kontinentu.

John Thornton exigía poco a los hombres y a la tierra salvaje.

John Thornton od mužů i divočiny málo požadoval.

No temía a nada de la naturaleza y se enfrentaba a lo salvaje con facilidad.

V přírodě se ničeho nebál a divočině čelil s lehkostí.

Con sólo sal y un rifle, podría viajar a donde quisiera.

Jen se solí a puškou mohl cestovat, kam chtěl.

Al igual que los nativos, cazaba alimentos mientras viajaba.

Stejně jako domorodci lovil potravu během své cesty.

Si no pescaba nada, seguía adelante, confiando en que la suerte le acompañaría.

Pokud nic nechytil, pokračoval dál a důvěřoval štěstí.

En este largo viaje, la carne era lo principal que comían.

Na této dlouhé cestě jedli hlavně maso.

El trineo contenía herramientas y municiones, pero no un horario estricto.

Saně nesly nářadí a munici, ale žádný přísný časový harmonogram nebyl stanoven.

A Buck le encantaba este vagabundeo, la caza y la pesca interminables.

Buck miloval toto putování; nekonečný lov a rybaření.

Durante semanas estuvieron viajando día tras día.

Týdny cestovali den za dnem.

Otras veces montaban campamentos y permanecían allí durante semanas.

Jindy si postavili tábory a zůstávali v klidu celé týdny.

Los perros descansaron mientras los hombres cavaban en la tierra congelada.

Psi odpočívali, zatímco muži se prohrabávali zmrzlou hlínou.

Calentaron sartenes sobre el fuego y buscaron oro escondido.

Ohřívali pánve na ohni a hledali skryté zlato.

Algunos días pasaban hambre y otros días tenían fiestas.

Některé dny hladověli a některé dny měli hostiny.

Sus comidas dependían de la presa y de la suerte de la caza.

Jejich jídlo záviselo na zvěři a štěstí při lovu.

Cuando llegaba el verano, los hombres y los perros cargaban cargas sobre sus espaldas.

Když přišlo léto, muži a psi si naložili na záda náklady.

Navegaron por lagos azules escondidos en bosques de montaña.

Splavovali modré jezera skryté v horských lesích na raftech.

Navegaban en delgadas embarcaciones por ríos que ningún hombre había cartografiado jamás.

Pluli na štíhlých člunech po řekách, které ještě nikdo nezmapoval.

Esos barcos se construyeron a partir de árboles que cortaban en la naturaleza.

Ty lodě byly postaveny ze stromů, které řezali ve volné přírodě.

Los meses pasaron y ellos serpentearon por tierras salvajes y desconocidas.

Měsíce plynuly a oni se klikatili divokými neznámými kraji.

No había hombres allí, aunque había rastros antiguos que indicaban que había habido hombres.

Nebyli tam žádní muži, přesto staré stopy naznačovaly, že tam muži byli.

Si la Cabaña Perdida fue real, entonces otras personas habían pasado por allí alguna vez.

Pokud Ztracená chata existovala, pak tudy kdysi prošli i jiní.

Cruzaron pasos altos en medio de tormentas de nieve, incluso en verano.

Překračovali vysoké průsmyky ve vánicích, a to i v létě.

Temblaban bajo el sol de medianoche en las laderas desnudas de las montañas.

Třásli se pod půlnočním sluncem na holých horských svazích.

Entre la línea de árboles y los campos de nieve, subieron lentamente.

Mezi hranicí lesa a sněhovými poli pomalu stoupali.

En los valles cálidos, aplastaban nubes de mosquitos y moscas.

V teplých údolích odháněli mraky komárů a much.

Recogieron bayas dulces cerca de los glaciares en plena floración del verano.

Sbírali sladké bobule poblíž ledovců v plném letním květu.

Las flores que encontraron eran tan hermosas como las de las Tierras del Sur.

Květiny, které našli, byly stejně krásné jako ty v Jihu.

Ese otoño llegaron y una región solitaria llena de lagos silenciosos.

Toho podzimu dorazili do opuštěné oblasti plné tichých jezer.

La tierra estaba triste y vacía, una vez llena de pájaros y bestias.

Země byla smutná a prázdná, kdysi plná ptáků a zvířat.

Ahora no había vida, sólo el viento y el hielo formándose en charcos.

Teď už tam nebyl žádný život, jen vítr a led tvořivý v tůních.

Las olas golpeaban las orillas vacías con un sonido suave y triste.

Vlny se s tichým, truchlivým zvukem tříštily o prázdné břehy.

Llegó otro invierno y volvieron a seguir los viejos y tenues senderos.

Přišla další zima a oni se opět vydali po slabých, starých stezkách.

Éstos eran los rastros de hombres que habían buscado mucho antes que ellos.

To byly stezky mužů, kteří hledali dávno před nimi.

Un día encontraron un camino que se adentraba profundamente en el bosque oscuro.

Jednou našli stezku vytesanou hluboko do temného lesa.

Era un sendero antiguo y sintieron que la cabaña perdida estaba cerca.

Byla to stará stezka a měli pocit, že ztracená chata je blízko.

Pero el sendero no conducía a ninguna parte y se perdía en el espeso bosque.

Ale stezka nikam nevedla a mizela v hustém lese.

Nadie sabe quién hizo el sendero ni por qué lo hizo.

Kdokoli stezku vybudoval a proč ji vybudoval, nikdo nevěděl.

Más tarde encontraron los restos de una cabaña escondidos entre los árboles.

Později našli mezi stromy ukrytou trosku chaty.

Mantas podridas yacían esparcidas donde alguna vez alguien había dormido.

Tam, kde kdysi někdo spal, ležely rozházené tlející deky.

John Thornton encontró una pistola de chispa de cañón largo enterrada en el interior.

John Thornton našel uvnitř zakopanou křesadlovou zbraň s dlouhou hlavní.

Sabía que se trataba de un cañón de la Bahía de Hudson desde los primeros días de su comercialización.

Věděl, že se jedná o dělo z Hudsonova zálivu, už z raných dob obchodování.

En aquella época, estas armas se intercambiaban por montones de pieles de castor.

V těch dobách se takové zbraně vyměňovaly za hromady bobřích kůží.

Eso fue todo: no quedó ninguna pista del hombre que construyó el albergue.

To bylo vše – nezůstala žádná stopa po muži, který chatu postavil.

Llegó nuevamente la primavera y no encontraron ninguna señal de la Cabaña Perdida.

Jaro přišlo znovu a po Ztracené chatě nenašli ani stopu.

En lugar de eso encontraron un valle amplio con un arroyo poco profundo.

Místo toho našli široké údolí s mělkým potokem.

El oro se extendía sobre el fondo de las sartenes como mantequilla suave y amarilla.

Zlato leželo na dně pánve jako hladké, žluté máslo.

Se detuvieron allí y no buscaron más la cabaña.

Zastavili se tam a dál chatu nehledali.

Cada día trabajaban y encontraban miles en polvo de oro.

Každý den pracovali a našli tisíce ve zlatém prachu.

Empaquetaron el oro en bolsas de piel de alce, de cincuenta libras cada una.

Zlato balili do pytlů z losí kůže, každý o hmotnosti padesáti liber.

Las bolsas estaban apiladas como leña afuera de su pequeña cabaña.

Pytle byly naskládány jako dříví před jejich malou chatkou.

Trabajaron como gigantes y los días pasaban como sueños rápidos.

Pracovali jako obři a dny ubíhaly jako rychlé sny.

Acumularon tesoros a medida que los días interminables transcurrían rápidamente.

Hromadili poklady, zatímco nekonečné dny rychle ubíhaly.

Los perros no tenían mucho que hacer excepto transportar carne de vez en cuando.

Psi neměli moc co dělat, kromě toho, že občas tahali maso.

Thornton cazó y mató el animal, y Buck se quedó tendido junto al fuego.

Thornton lovil a zabíjel zvěř a Buck ležel u ohně.

Pasó largas horas en silencio, perdido en sus pensamientos y recuerdos.

Trávil dlouhé hodiny v tichu, ztracen v myšlenkách a vzpomínkách.

La imagen del hombre peludo venía cada vez más a la mente de Buck.

Obraz chlupatého muže se Buckovi stále častěji vybavoval.

Ahora que el trabajo escaseaba, Buck soñaba mientras parpadeaba ante el fuego.

Teď, když bylo práce málo, Buck snil a mrkal do ohně.

En esos sueños, Buck vagaba con el hombre en otro mundo.

V těch snech se Buck s mužem toulal v jiném světě.

El miedo parecía el sentimiento más fuerte en ese mundo distante.

Strach se zdál být nejsilnějším pocitem v tom vzdáleném světě.

Buck vio al hombre peludo dormir con la cabeza gacha.

Buck viděl chlupatého muže spát se skloněnou hlavou.

Tenía las manos entrelazadas y su sueño era inquieto y entrecortado.

Měl sepjaté ruce a spánek neklidný a přerušovaný.

Solía despertarse sobresaltado y mirar con miedo hacia la oscuridad.

S trhnutím se probouzel a s hrůzou zíral do tmy.

Luego echaba más leña al fuego para mantener la llama brillante.

Pak přihodil do ohně další dřevo, aby plameny jasně hořely.

A veces caminaban por una playa junto a un mar gris e interminable.

Někdy se procházeli po pláži u šedého, nekonečného moře.

El hombre peludo recogía mariscos y los comía mientras caminaba.

Chlupatý muž sbíral korýše a jedl je za pochodu.

Sus ojos buscaban siempre peligros ocultos en las sombras.

Jeho oči neustále hledaly skrytá nebezpečí ve stínech.

Sus piernas siempre estaban listas para correr ante la primera señal de amenaza.

Jeho nohy byly vždy připravené k útěku při prvním náznaku ohrožení.

Se arrastraron por el bosque, silenciosos y cautelosos, uno al lado del otro.

Plížili se lesem, tiší a ostražití, bok po boku.

Buck lo siguió de cerca y ambos se mantuvieron alerta.

Buck ho následoval v patách a oba zůstali ve střehu.

Sus orejas se movían y temblaban, sus narices olfateaban el aire.

Uši se jim škubaly a hýbaly, nosy čichaly vzduch.

El hombre podía oír y oler el bosque tan agudamente como Buck.

Muž slyšel a cítil les stejně ostře jako Buck.

El hombre peludo se balanceó entre los árboles con una velocidad repentina.

Chlupatý muž se s náhlou rychlostí prohnal mezi stromy.

Saltaba de rama en rama sin perder nunca su agarre.

Skákal z větve na větev a nikdy se nenechal unést.

Se movió tan rápido sobre el suelo como sobre él.

Pohyboval se nad zemí stejně rychle jako po ní.

Buck recordó las largas noches bajo los árboles, haciendo guardia.

Buck si vzpomněl na dlouhé noci pod stromy, kdy hlídal.

El hombre dormía recostado en las ramas, aferrado fuertemente.

Muž spal schoulený ve větvích a pevně se jich držel.

Esta visión del hombre peludo estaba estrechamente ligada al llamado profundo.

Tato vize chlupatého muže byla úzce spjata s hlubokým voláním.

El llamado aún resonaba en el bosque con una fuerza inquietante.

Volání stále znělo lesem s děsivou silou.

La llamada llenó a Buck de anhelo y una inquieta sensación de alegría.

Hovor naplnil Bucka touhou a neklidným pocitem radosti.

Sintió impulsos y agitaciones extrañas que no podía nombrar.

Cítil zvláštní nutkání a podněty, které nedokázal pojmenovat.

A veces seguía la llamada hasta lo profundo del tranquilo bosque.

Někdy následoval volání hluboko do tichého lesa.

Buscó el llamado, ladrando suave o agudamente mientras caminaba.

Hledal volání a cestou štěkal tiše nebo ostře.

Olfateó el musgo y la tierra negra donde crecían las hierbas.

Čichal k mechu a černé půdě, kde rostly trávy.

Resopló de alegría ante los ricos olores de la tierra profunda.

S potěšením si odfrkl nad bohatou vůní hlubin země.

Se agazapó durante horas detrás de troncos cubiertos de hongos.

Hodiny se krčil za kmeny pokrytými houbami.

Se quedó quieto, escuchando con los ojos muy abiertos cada pequeño sonido.

Zůstal bez hnutí a s vytřeštěnýma očima naslouchal každému sebemenšímu zvuku.

Quizás esperaba sorprender al objeto que le había hecho el llamado.

Možná doufal, že překvapí tu věc, která zavolala.

Él no sabía por qué actuaba así: simplemente lo hacía.

Nevěděl, proč se tak chová – prostě se choval.

Los impulsos venían desde lo más profundo, más allá del pensamiento o la razón.

Touhy vycházely z hloubi nitra, zpoza myšlení nebo rozumu.

Impulsos irresistibles se apoderaron de Buck sin previo aviso ni razón.

Bucka se bez varování a bezdůvodně zmocnily neodolatelné nutkání.

A veces dormitaba perezosamente en el campamento bajo el calor del mediodía.

Občas lenivě dřímal v táboře v poledním horku.

De repente, su cabeza se levantó y sus orejas se levantaron en alerta.

Najednou zvedl hlavu a nastražil uši.

Entonces se levantó de un salto y se lanzó hacia lo salvaje sin detenerse.

Pak vyskočil a bez zaváhání se rozběhl do divočiny.

Corrió durante horas por senderos forestales y espacios abiertos.

Běhal celé hodiny lesními cestami a otevřenými prostranstvími.

Le encantaba seguir los lechos de los arroyos secos y espiar a los pájaros en los árboles.

Rád sledoval vyschlá koryta potoků a pozoroval ptáky ve stromech.

Podría permanecer escondido todo el día, mirando a las perdices pavonearse.

Mohl by ležet schovaný celý den a pozorovat koroptve, jak se procházejí kolem.

Ellos tamborilearon y marcharon, sin percatarse de la presencia todavía de Buck.

Bubnovali a pochodovali, aniž by si uvědomovali Buckovu stále přítomnou přítomnost.

Pero lo que más le gustaba era correr al atardecer en verano.

Ale nejvíc miloval běhání za soumraku v létě.

La tenue luz y los sonidos soñolientos del bosque lo llenaron de alegría.

Tlumené světlo a ospalé lesní zvuky ho naplňovaly radostí.

Leyó las señales del bosque tan claramente como un hombre lee un libro.

Četl lesní cedule stejně jasně, jako člověk čte knihu.

Y siempre buscaba aquella cosa extraña que lo llamaba.

A neustále hledal tu podivnou věc, která ho volala.

Ese llamado nunca se detuvo: lo alcanzaba despierto o dormido.

To volání nikdy nepřestávalo – doléhalo k němu, ať už byl vzhůru, nebo spal.

Una noche, se despertó sobresaltado, con los ojos alerta y las orejas alerta.

Jednou v noci se s trhnutím probudil, s bystrýma očima a nastraženýma ušima.

Sus fosas nasales se crisparon mientras su melena se erizaba en ondas.

Nozdry se mu škubaly, když se mu hříva ježila ve vlnách.

Desde lo profundo del bosque volvió a oírse el sonido, el viejo llamado.

Z hlubin lesa se znovu ozval zvuk, to staré volání.

Esta vez el sonido sonó claro, un aullido largo, inquietante y familiar.

Tentokrát zvuk zazněl jasně, dlouhé, pronikavé, známé vytí.

Era como el grito de un husky, pero extraño y salvaje en tono.

Bylo to jako křik chraplavého psa, ale podivného a divokého tónu.

Buck reconoció el sonido al instante: había oído exactamente el mismo sonido hacía mucho tiempo.

Buck ten zvuk poznal hned – přesně ten samý zvuk slyšel už dávno.

Saltó a través del campamento y desapareció rápidamente en el bosque.

Proskočil táborem a rychle zmizel v lese.

A medida que se acercaba al sonido, disminuyó la velocidad y se movió con cuidado.

Jak se blížil k zvuku, zpomalil a pohyboval se opatrně.

Pronto llegó a un claro entre espesos pinos.

Brzy dorazil na mýtinu mezi hustými borovicemi.

Allí, erguido sobre sus cuartos traseros, estaba sentado un lobo de bosque alto y delgado.

Tam, vzpřímeně na zadek, seděl vysoký, štíhlý lesní vlk.

La nariz del lobo apuntaba hacia el cielo, todavía haciendo eco del llamado.

Vlčí čumák směřoval k nebi a stále se ozýval ozvěnou volání.

Buck no había emitido ningún sonido, pero el lobo se detuvo y escuchó.

Buck nevydal ani hlásku, přesto se vlk zastavil a naslouchal.

Sintiendo algo, el lobo se tensó y buscó en la oscuridad.

Vlk něco vycítil, napjal se a prohledával tmu.

Buck apareció sigilosamente, con el cuerpo agachado y los pies quietos sobre el suelo.

Buck se vplížil do zorného pole, tělo při zemi, nohy tiše stály na zemi.

Su cola estaba recta y su cuerpo enroscado por la tensión.

Ocas měl rovný a tělo napjaté napětím.

Mostró al mismo tiempo una amenaza y una especie de amistad ruda.

Projevoval zároveň hrozbu i jakési drsné přátelství.

Fue el saludo cauteloso que compartían las bestias salvajes.

Byl to ostražitý pozdrav, jaký sdílejí divoká zvířata.

Pero el lobo se dio la vuelta y huyó tan pronto como vio a Buck.

Ale vlk se otočil a utekl, jakmile spatřil Bucka.

Buck lo persiguió, saltando salvajemente, ansioso por alcanzarlo.

Buck se dal za ním, divoce poskakoval a dychtivě ho dohonil.

Siguió al lobo hasta un arroyo seco bloqueado por un atasco de madera.

Následoval vlka do vyschlého potoka zablokovaného dřevěným závalem.

Acorralado, el lobo giró y se mantuvo firme.

Zahnaný do kouta, vlk se otočil a zůstal stát na místě.

El lobo gruñó y mordió a su presa como un perro husky atrapado en una pelea.

Vlk vrčel a štěkal jako chycený husky v boji.

Los dientes del lobo chasquearon rápidamente y su cuerpo se erizó de furia salvaje.

Vlčí zuby rychle cvakaly a jeho tělo se ježilo divokou zuřivostí.

Buck no atacó, sino que rodeó al lobo con cautelosa amabilidad.

Buck nezaútočil, ale s opatrnou a přátelskou péčí vlka obešel.

Intentó bloquear su escape con movimientos lentos e inofensivos.

Snažil se mu zabránit v útěku pomalými, neškodnými pohyby.

El lobo estaba cauteloso y asustado: Buck pesaba tres veces más que él.

Vlk byl ostražitý a vyděšený – Buck ho třikrát převažoval.

La cabeza del lobo apenas llegaba hasta el enorme hombro de Buck.

Vlčí hlava sotva dosahovala Buckovi k mohutnému rameni.

Al acecho de un hueco, el lobo salió disparado y la persecución comenzó de nuevo.

Vlk hledal mezeru, dal se na útěk a honička se znovu rozpoutala.

Varias veces Buck lo acorraló y el baile se repitió.

Buck ho několikrát zahnal do kouta a tanec se opakoval.

El lobo estaba delgado y débil, de lo contrario Buck no podría haberlo atrapado.

Vlk byl hubený a slabý, jinak by ho Buck nemohl chytit.

Cada vez que Buck se acercaba, el lobo giraba y lo enfrentaba con miedo.

Pokaždé, když se Buck přiblížil, vlk se otočil a s hrůzou se k němu postavil.

Luego, a la primera oportunidad, se lanzó de nuevo al bosque.

Pak se při první příležitosti znovu rozběhl do lesa.

Pero Buck no se dio por vencido y finalmente el lobo comenzó a confiar en él.

Ale Buck se nevzdal a vlk mu nakonec začal důvěřovat.

Olió la nariz de Buck y los dos se pusieron juguetones y alertas.

Čichl Buckovi k nosu a oba si hravě začali hrát a byli ostražití.

Jugaban como animales salvajes, feroces pero tímidos en su alegría.

Hráli si jako divoká zvířata, divocí, ale zároveň plachí ve své radosti.

Después de un rato, el lobo se alejó trotando con calma y propósito.

Po chvíli vlk s klidným a odhodlaným úmyslem odklusal pryč.

Le demostró claramente a Buck que tenía la intención de que lo siguieran.

Jasně Buckovi ukázal, že má v úmyslu být sledován.

Corrieron uno al lado del otro a través de la penumbra del crepúsculo.

Běželi bok po boku šerem soumraku.

Siguieron el lecho del arroyo hasta el desfiladero rocoso.

Sledovali koryto potoka vzhůru do skalnaté rokle.

Cruzaron una divisoria fría donde había comenzado el arroyo.

Překročili chladnou předěl, kde pramenil potok.

En la ladera más alejada encontraron un extenso bosque y numerosos arroyos.

Na protějším svahu našli rozlehlý les a mnoho potoků.

Por esta vasta tierra corrieron durante horas sin parar.

Touto rozlehlou zemí běželi celé hodiny bez zastavení.

El sol salió más alto, el aire se calentó, pero ellos siguieron corriendo.

Slunce stoupalo výš, vzduch se oteploval, ale oni běželi dál.

Buck estaba lleno de alegría: sabía que estaba respondiendo a su llamado.

Bucka naplňovala radost – věděl, že odpovídá na své volání.

Corrió junto a su hermano del bosque, más cerca de la fuente del llamado.

Běžel vedle svého lesního bratra, blíž ke zdroji volání.

Los viejos sentimientos regresaron, poderosos y difíciles de ignorar.

Staré city se vrátily, silné a těžko ignorovatelné.

Éstas eran las verdades detrás de los recuerdos de sus
sueños.

To byly pravdy skryté za vzpomínkami z jeho snů.

Todo esto ya lo había hecho antes, en un mundo distante y
sombrío.

Tohle všechno už předtím dělal ve vzdáleném a temném
světě.

Ahora lo hizo de nuevo, corriendo salvajemente con el cielo
abierto encima.

Teď to udělal znovu, divoce pobíhal pod širým nebem nad
sebou.

Se detuvieron en un arroyo para beber del agua fría que
fluía.

Zastavili se u potoka, aby se napili ze studené tekoucí vody.

Mientras bebía, Buck de repente recordó a John Thornton.

Zatímco pil, Buck si náhle vzpomněl na Johna Thorntona.

Se sentó en silencio, desgarrado por la atracción de la lealtad
y el llamado.

Mlčky se posadil, zmítán touhou loajality a povolání.

El lobo siguió trotando, pero regresó para impulsar a Buck a
seguir adelante.

Vlk klusal dál, ale vrátil se a pobídl Bucka vpřed.

Le olisqueó la nariz y trató de convencerlo con gestos suaves.

Očechral si nos a jemnými gesty se ho snažil přemluvit.

Pero Buck se dio la vuelta y comenzó a regresar por donde
había venido.

Ale Buck se otočil a vydal se zpět stejnou cestou, jakou přišel.

El lobo corrió a su lado durante un largo rato, gimiendo
silenciosamente.

Vlk dlouho běžel vedle něj a tiše kňučel.

Luego se sentó, levantó la nariz y dejó escapar un largo
aullido.

Pak se posadil, zvedl čumák a vydal dlouze zavytí.

Fue un grito triste, que se suavizó cuando Buck se alejó.

Byl to truchlivý výkřik, který slábl, jak Buck odcházel.

Buck escuchó mientras el sonido del grito se desvanecía
lentamente en el silencio del bosque.

Buck poslouchal, jak zvuk křiku pomalu doznívá v lesním tichu.

John Thornton estaba cenando cuando Buck irrumpió en el campamento.

John Thornton jedl večeři, když Buck vtrhl do tábora.

Buck saltó sobre él salvajemente, lamiéndolo, mordiéndolo y haciéndolo caer.

Buck na něj divoce skočil, olizoval ho, kousal a převaloval ho.

Lo derribó, se subió encima y le besó la cara.

Srazil ho k zemi, vyšplhal se na něj a políbil ho na tvář.

Thornton lo llamó con cariño "hacer el tonto en general".

Thornton to s láskou nazval „hráním si na obecného blázna".

Mientras tanto, maldijo a Buck suavemente y lo sacudió de un lado a otro.

Celou dobu Bucka jemně proklínal a třásl s ním sem a tam.

Durante dos días y dos noches enteras, Buck no abandonó el campamento ni una sola vez.

Celé dva dny a noci Buck ani jednou neopustil tábor.

Se mantuvo cerca de Thornton y nunca lo perdió de vista.

Držel se blízko Thorntona a nikdy ho nespouštěl z dohledu.

Lo siguió mientras trabajaba y lo observó mientras comía.

Sledoval ho, když pracoval, a pozoroval ho, zatímco jedl.

Acompañaba a Thornton con sus mantas por la noche y lo salía cada mañana.

Večer viděl Thorntona zahaleného do dek a každé ráno venku.

Pero pronto el llamado del bosque regresó, más fuerte que nunca.

Ale brzy se lesní volání vrátilo, hlasitější než kdy dřív.

Buck volvió a inquietarse, agitado por los pensamientos del lobo salvaje.

Buck se znovu znervózňoval, pohnut myšlenkami na divokého vlka.

Recordó el terreno abierto y correr uno al lado del otro.

Vzpomněl si na otevřenou krajinu a na běh bok po boku.

Comenzó a vagar por el bosque una vez más, solo y alerta.

Znovu se vydal na cestu lesem, sám a ostražitý.

Pero el hermano salvaje no regresó y el aullido no se escuchó.

Ale divoký bratr se nevrátil a vytí nebylo slyšet.

Buck comenzó a dormir a la intemperie, manteniéndose alejado durante días.

Buck začal spát venku a zůstával pryč i celé dny.

Una vez cruzó la alta divisoria donde había comenzado el arroyo.

Jednou překročil vysoký rozvodí, kde pramenil potok.

Entró en la tierra de la madera oscura y de los arroyos anchos y fluidos.

Vstoupil do země temných lesů a širokých potoků.

Durante una semana vagó en busca de señales del hermano salvaje.

Týden se toulal a hledal známky svého divokého bratra.

Mataba su propia carne y viajaba con pasos largos e incansables.

Zabíjel si vlastní maso a cestoval dlouhými, neúnavnými kroky.

Pescaba salmón en un ancho río que llegaba al mar.

Lovil lososy v široké řece, která sahala do moře.

Allí luchó y mató a un oso negro enloquecido por los insectos.

Tam bojoval a zabil černého medvěda rozzuřeného brouky.

El oso estaba pescando y corrió ciegamente entre los árboles.

Medvěd lovil ryby a poslepu běžel mezi stromy.

La batalla fue feroz y despertó el profundo espíritu de lucha de Buck.

Bitva byla nelítostná a probudila Buckovu hlubokou bojovnost.

Dos días después, Buck regresó y encontró glotones en su presa.

O dva dny později se Buck vrátil a u své kořisti našel rosomáky.

Una docena de ellos se pelearon con furia y ruidosidad por la carne.

Tucet z nich se hlučně a zuřivě hádalo o maso.

Buck cargó y los dispersó como hojas en el viento.

Buck se na ně vrhl a rozptýlil je jako listí ve větru.

Dos lobos permanecieron atrás, silenciosos, sin vida e inmóviles para siempre.

Dva vlci zůstali pozadu – tiší, bez života a navždy nehybní.

La sed de sangre se hizo más fuerte que nunca.

Žízeň po krvi byla silnější než kdy dřív.

Buck era un cazador, un asesino, que se alimentaba de criaturas vivas.

Buck byl lovec, zabiják, který se živil živými tvory.

Sobrevivió solo, confiando en su fuerza y sus sentidos agudos.

Přežil sám, spoléhal se na svou sílu a bystré smysly.

Prosperó en la naturaleza, donde sólo los más resistentes podían vivir.

Dařilo se mu v divočině, kde mohli žít jen ti nejtvrdší.

A partir de esto, un gran orgullo surgió y llenó todo el ser de Buck.

Z toho se v Buckovi zrodila velká hrdost a naplnila celou jeho bytost.

Su orgullo se reflejaba en cada uno de sus pasos, en el movimiento de cada músculo.

Jeho hrdost se projevovala v každém jeho kroku, v chvění každého svalu.

Su orgullo era tan claro como sus palabras, y se reflejaba en su manera de comportarse.

Jeho hrdost byla jasná jako řeč, což bylo patrné z toho, jak se držel.

Incluso su grueso pelaje parecía más majestuoso y brillaba más.

Dokonce i jeho hustá srst vypadala majestátněji a zářila jasněji.

Buck podría haber sido confundido con un lobo gigante.

Bucka si mohli splést s obřím lesním vlkem.

A excepción del color marrón en el hocico y las manchas sobre los ojos.

Kromě hnědé barvy na tlamě a skvrn nad očima.

Y la raya blanca de pelo que corría por el centro de su pecho.

A bílý pruh srsti, který mu táhl středem hrudníku.

Era incluso más grande que el lobo más grande de esa feroz raza.

Byl dokonce větší než největší vlk té divoké rasy.

Su padre, un San Bernardo, le dio tamaño y complexión robusta.

Jeho otec, svatý Bernard, mu dal velikost a mohutnou postavu.

Su madre, una pastora, moldeó esa masa hasta darle forma de lobo.

Jeho matka, pastýřka, vytvarovala tu masu do vlčí podoby.

Tenía el hocico largo de un lobo, aunque más pesado y ancho.

Měl dlouhý čenich vlka, i když mohutnější a širší.

Su cabeza era la de un lobo, pero construida en una escala enorme y majestuosa.

Jeho hlava byla vlčí, ale byla mohutná a majestátní.

La astucia de Buck era la astucia del lobo y de la naturaleza.

Buckova lstivost byla lstivost vlka a divočiny.

Su inteligencia provenía tanto del pastor alemán como del san bernardo.

Jeho inteligence pocházela jak od německého ovčáka, tak od svatého Bernarda.

Todo esto, más la dura experiencia, lo convirtieron en una criatura temible.

To všechno, plus drsné zkušenosti, z něj udělaly děsivého tvora.

Era tan formidable como cualquier bestia que vagaba por las tierras salvajes del norte.

Byl stejně impozantní jako kterákoli jiná bestie potulující se severní divočinou.

Viviendo sólo de carne, Buck alcanzó el máximo nivel de su fuerza.

Buck, žijící pouze na mase, dosáhl vrcholu své síly.

Rebosaba poder y fuerza masculina en cada fibra de él.

V každém vlákně svého těla překypoval mocí a mužskou silou.

Cuando Thornton le acarició la espalda, sus pelos brillaron con energía.

Když ho Thornton pohladil po zádech, chloupky se mu energií zajiskřily.

Cada cabello crujió, cargado con el toque de un magnetismo vivo.

Každý vlas praskal, nabitý dotekem živoucí síly.

Su cuerpo y su cerebro estaban afinados al máximo nivel posible.

Jeho tělo i mozek byly naladěny na tu nejjemnější možnou notu.

Cada nervio, fibra y músculo trabajaba en perfecta armonía.

Každý nerv, vlákno a sval fungovaly v dokonalé harmonii.

Ante cualquier sonido o visión que requiriera acción, él respondía instantáneamente.

Na jakýkoli zvuk nebo pohled vyžadující akci reagoval okamžitě.

Si un husky saltaba para atacar, Buck podía saltar el doble de rápido.

Pokud by husky skočil k útoku, Buck by dokázal skočit dvakrát rychleji.

Reaccionó más rápido de lo que los demás pudieron verlo o escuchar.

Reagoval rychleji, než ho ostatní stihli vidět nebo slyšet.

La percepción, la decisión y la acción se produjeron en un momento fluido.

Vnímání, rozhodnutí a akce se odehrály v jednom plynulém okamžiku.

En realidad, estos actos fueron separados, pero demasiado rápidos para notarlos.

Ve skutečnosti byly tyto činy oddělené, ale příliš rychlé na to, aby si jich bylo možné všimnout.

Los intervalos entre estos actos fueron tan breves que parecían uno solo.

Mezery mezi těmito činy byly tak krátké, že se zdály být jedno.

Sus músculos y su ser eran como resortes fuertemente enrollados.

Jeho svaly a bytost byly jako pevně stočené pružiny.

Su cuerpo rebosaba de vida, salvaje y alegre en su poder.

Jeho tělo překypovalo životem, divoké a radostné ve své síle.

A veces sentía como si la fuerza fuera a estallar fuera de él por completo.

Občas měl pocit, jako by z něj ta síla každou chvíli vyprchala.

"Nunca vi un perro así", dijo Thornton un día tranquilo.

„Nikdy tu nebyl takový pes," řekl Thornton jednoho klidného dne.

Los socios observaron a Buck alejarse orgullosamente del campamento.

Partneři sledovali, jak Buck hrdě odchází z tábora.

"Cuando lo crearon, cambió lo que un perro puede ser", dijo Pete.

„Když byl stvořen, změnil to, kým pes může být," řekl Pete.

—¡Por Dios! Yo también lo creo —respondió Hans rápidamente.

„Při Ježíši! Myslím si to taky," souhlasil rychle Hans.

Lo vieron marcharse, pero no el cambio que vino después.

Viděli ho odcházet, ale ne změnu, která přišla potom.

Tan pronto como entró en el bosque, Buck se transformó por completo.

Jakmile Buck vstoupil do lesa, úplně se proměnil.

Ya no marchaba, sino que se movía como un fantasma salvaje entre los árboles.

Už nepochodoval, ale pohyboval se jako divoký duch mezi stromy.

Se quedó en silencio, con pasos de gato, un destello que pasaba entre las sombras.

Ztichl, našlapoval jako kočka, jako záblesk procházející stíny.

Utilizó la cubierta con habilidad, arrastrándose sobre su vientre como una serpiente.

Krytí používal obratně a plazil se po břiše jako had.

Y como una serpiente, podía saltar hacia adelante y atacar en silencio.

A jako had mohl vyskočit vpřed a tiše udeřit.

Podría robar una perdiz nival directamente de su nido escondido.

Mohl ukrást bělokura přímo z jeho skrytého hnízda.

Mató conejos dormidos sin hacer un solo sonido.

Zabil spící králíky bez jediného zvuku.

Podía atrapar ardillas en el aire cuando huían demasiado lentamente.

Dokázal chytit veverky ve vzduchu, když prchaly příliš pomalu.

Ni siquiera los peces en los estanques podían escapar de sus ataques repentinos.

Ani ryby v tůních neunikly jeho náhlým úderům.

Ni siquiera los castores más inteligentes que arreglaban presas estaban a salvo de él.

Ani chytří bobři opravující hráze před ním nebyli v bezpečí.

Él mataba por comida, no por diversión, pero prefería matar a sus propias víctimas.

Zabíjel pro jídlo, ne pro zábavu – ale nejraději měl své vlastní úlovky.

Aun así, un humor astuto impregnaba algunas de sus cacerías silenciosas.

Přesto se některými jeho tichými lovy prolínal lstivý humor.

Se acercó sigilosamente a las ardillas, pero las dejó escapar.

Připlížil se blízko k veverkám, jen aby je nechal utéct.

Iban a huir hacia los árboles, parloteando con terrible indignación.

Chystali se uprchnout mezi stromy a štěbetat děsivým vztekem.

A medida que llegaba el otoño, los alces comenzaron a aparecer en mayor número.

S příchodem podzimu se losů začalo objevovat ve větším počtu.

Avanzaron lentamente hacia los valles bajos para encontrarse con el invierno.

Pomalu se přesouvali do nízkých údolí, aby se setkali se zimou.

Buck ya había derribado a un ternero joven y perdido.

Buck už ukořistil jedno mladé, zatoulané tele.

Pero anhelaba enfrentarse a presas más grandes y peligrosas.

Ale toužil čelit větší a nebezpečnější kořisti.

Un día, en la divisoria, a la altura del nacimiento del arroyo, encontró su oportunidad.

Jednoho dne na rozvodí, u pramene potoka, našel svou šanci.

Una manada de veinte alces había cruzado desde tierras boscosas.

Stádo dvaceti losů přešlo přes lesnatou krajinu.

Entre ellos había un poderoso toro; el líder del grupo.

Mezi nimi byl mocný býk; vůdce skupiny.

El toro medía más de seis pies de alto y parecía feroz y salvaje.

Býk měřil přes šest stop a vypadal divoce a zuřivě.

Lanzó sus anchas astas, con catorce puntas ramificándose hacia afuera.

Odhodil svými širokými parohy, z nichž se čtrnáct špiček rozvětvovalo ven.

Las puntas de esas astas se extendían siete pies de ancho.

Špičky těchto paroží se táhly až dva metry napříč.

Sus pequeños ojos ardieron de rabia cuando vio a Buck cerca.

Jeho malé oči hořely vzteky, když zahlédl Bucka poblíž.

Soltó un rugido furioso, temblando de furia y dolor.

Vydal zuřivý řev, třásl se vzteky a bolestí.

Una punta de flecha sobresalía cerca de su flanco, emplumada y afilada.

Z boku mu trčel konec šípu, opeřený a ostrý.

Esta herida ayudó a explicar su humor salvaje y amargado.

Tato rána pomáhala vysvětlit jeho divokou, hořkou náladu.

Buck, guiado por su antiguo instinto de caza, hizo su movimiento.

Buck, vedený starodávným loveckým instinktem, se pohnul.

Su objetivo era separar al toro del resto de la manada.

Jeho cílem bylo oddělit býka od zbytku stáda.

No fue una tarea fácil: requirió velocidad y una astucia feroz.

To nebyl snadný úkol – vyžadovalo to rychlost a nelítostnou lstivost.

Ladró y bailó cerca del toro, fuera de su alcance.

Štěkal a tančil blízko býka, těsně mimo jeho dosah.

El alce atacó con enormes pezuñas y astas mortales.

Los se vrhl s obrovskými kopyty a smrtícími parohy.

Un golpe podría haber acabado con la vida de Buck en un instante.

Jedna rána mohla Buckův život ukončit v mžiku.

Incapaz de dejar atrás la amenaza, el toro se volvió loco.

Býk, který nebyl schopen hrozbu nechat za sebou, se rozzuřil.

Él cargó con furia, pero Buck siempre se le escapaba.

V zuřivosti se vrhl do útoku, ale Buck vždycky utekl.

Buck fingió debilidad, lo que lo alejó aún más de la manada.

Buck předstíral slabost a lákal ho tak dál od stáda.

Pero los toros jóvenes estaban a punto de atacar para proteger al líder.

Ale mladí býci se chystali zaútočit, aby vůdce ochránili.

Obligaron a Buck a retirarse y al toro a reincorporarse al grupo.

Donutili Bucka ustoupit a býka, aby se znovu připojil ke skupině.

Hay una paciencia en lo salvaje, profunda e imparable.

V divočině existuje trpělivost, hluboká a nezastavitelná.

Una araña espera inmóvil en su red durante incontables horas.

Pavouk čeká nehybně ve své síti nespočet hodin.

Una serpiente se enrosca sin moverse y espera hasta que llega el momento.

Had se svíjí bez škubnutí a čeká, až nastane čas.

Una pantera acecha hasta que llega el momento.

Panter číhá v záloze, dokud nenastane ten správný okamžik.

Ésta es la paciencia de los depredadores que cazan para sobrevivir.

To je trpělivost predátorů, kteří loví, aby přežili.

Esa misma paciencia ardía dentro de Buck mientras se quedaba cerca.

Stejná trpělivost hořela v Buckovi, když zůstával nablízku.

Se quedó cerca de la manada, frenando su marcha y sembrando el miedo.

Zůstal blízko stáda, zpomaloval jeho pochod a vyvolával strach.

Provocaba a los toros jóvenes y acosaba a las vacas madres.

Škádlil mladé býky a obtěžoval kravské matky.

Empujó al toro herido hacia una rabia más profunda e impotente.

Dohnal zraněného býka k hlubšímu, bezmocnému vzteku.

Durante medio día, la lucha se prolongó sin descanso alguno.

Půl dne se boj vlekl bez jakéhokoli odpočinku.

Buck atacó desde todos los ángulos, rápido y feroz como el viento.

Buck útočil ze všech úhlů, rychlý a divoký jako vítr.

Impidió que el toro descansara o se escondiera con su manada.

Zabraňoval býkovi odpočívat nebo se schovávat se svým stádem.

Buck desgastó la voluntad del alce más rápido que su cuerpo.

Buck unavoval losovu vůli rychleji než jeho tělo.

El día transcurrió y el sol se hundió en el cielo del noroeste.

Den uplynul a slunce kleslo nízko na severozápadní obloze.

Los toros jóvenes regresaron más lentamente para ayudar a su líder.

Mladí býci se vraceli pomaleji, aby pomohli svému vůdci.

Las noches de otoño habían regresado y la oscuridad ahora duraba seis horas.

Vrátily se podzimní noci a tma nyní trvala šest hodin.

El invierno los estaba empujando cuesta abajo hacia valles más seguros y cálidos.

Zima je tlačila z kopce do bezpečnějších a teplejších údolí.

Pero aún así no pudieron escapar del cazador que los retenía.

Ale stále nemohli uniknout lovci, který je zadržoval.

Sólo una vida estaba en juego: no la de la manada, sino la de su líder.

V sázce byl jen jeden život – ne život stáda, ale život jejich vůdce.

Eso hizo que la amenaza fuera distante y no su preocupación urgente.

Díky tomu byla hrozba vzdálená a ne jejich naléhavým problémem.

Con el tiempo, aceptaron ese coste y dejaron que Buck se llevara al viejo toro.

Časem tuto cenu akceptovali a nechali Bucka, ať si starého býka vezme.

Al caer la tarde, el viejo toro permanecía con la cabeza gacha.

Když se snášel soumrak, starý býk stál se sklopenou hlavou.

Observó cómo la manada que había guiado se desvanecía en la luz que se desvanecía.

Sledoval, jak stádo, které vedl, mizí v slábnoucím světle.

Había vacas que había conocido, terneros que una vez había engendrado.

Byly tam krávy, které znal, telata, jejichž byl kdysi otcem.

Había toros más jóvenes con los que había luchado y gobernado en temporadas pasadas.

V minulých sezónách bojoval s mladšími býky a vládl jim.

No pudo seguirlos, pues frente a él estaba agazapado nuevamente Buck.

Nemohl je následovat – před ním se totiž znovu krčil Buck.

El terror despiadado con colmillos bloqueó cualquier camino que pudiera tomar.

Nemilosrdná hrůza s tesáky mu blokovala každou cestu, kterou se mohl vydat.

El toro pesaba más de trescientos kilos de densa potencia.

Býk vážil více než tři sta kilogramů husté síly.

Había vivido mucho tiempo y luchado con ahínco en un mundo de luchas.

Žil dlouho a tvrdě bojoval ve světě plném bojů.

Pero ahora, al final, la muerte vino de una bestia muy inferior a él.

Přesto teď, na konci, smrt přišla od bestie hluboko pod ním.
La cabeza de Buck ni siquiera llegó a alcanzar las enormes rodillas del toro.
Buckova hlava se ani nezvedla k býčím obrovským, kloubatým kolenům.
A partir de ese momento, Buck permaneció con el toro noche y día.
Od té chvíle zůstával Buck s býkem dnem i nocí.
Nunca le dio descanso, nunca le permitió pastar ni beber.
Nikdy mu nedal odpočinek, nikdy mu nedovolil se pást ani pít.
El toro intentó comer brotes tiernos de abedul y hojas de sauce.
Býk se snažil sežrat mladé březové výhonky a vrbové listy.
Pero Buck lo ahuyentó, siempre alerta y siempre atacando.
Ale Buck ho odehnal, vždycky ve střehu a pořád útočil.
Incluso ante arroyos que goteaban, Buck bloqueó cada intento de sed.
I u tekoucí vody Buck blokoval každý žíznivý pokus.
A veces, desesperado, el toro huía a toda velocidad.
Někdy býk v zoufalství uprchl plnou rychlostí.
Buck lo dejó correr, trotando tranquilamente detrás, nunca muy lejos.
Buck ho nechal běžet, klidně pobíhal hned za ním, nikdy nebyl daleko.
Cuando el alce se detuvo, Buck se acostó, pero se mantuvo listo.
Když se los zastavil, Buck si lehl, ale zůstal připravený.
Si el toro intentaba comer o beber, Buck atacaba con toda furia.
Pokud se býk pokusil jíst nebo pít, Buck udeřil s plnou zuřivostí.
La gran cabeza del toro se hundió aún más bajo sus enormes astas.
Býčí mohutná hlava se pod mohutnými parohy schýlila níž.
Su paso se hizo más lento, el trote se hizo pesado, un paso tambaleante.

Jeho tempo zpomalilo, klus se změnil v těžký; klopýtající chůzi.

A menudo se quedaba quieto con las orejas caídas y la nariz pegada al suelo.

Často stál nehybně se sklopenýma ušima a čumákem u země.

Durante esos momentos, Buck se tomó tiempo para beber y descansar.

Během těchto chvil si Buck udělal čas na pití a odpočinek.

Con la lengua afuera y los ojos fijos, Buck sintió que la tierra estaba cambiando.

S vyplazeným jazykem a upřenýma očima Buck cítil, že se krajina mění.

Sintió algo nuevo moviéndose a través del bosque y el cielo.

Cítil, jak se lesem a oblohou pohybuje něco nového.

A medida que los alces regresaban, también lo hacían otras criaturas salvajes.

S návratem losů se vraceli i další divoká zvířata.

La tierra se sentía viva, con presencia, invisible pero fuertemente conocida.

Země se zdála být plně oživená, neviditelná, ale silně známá.

No fue por el sonido, ni por la vista, ni por el olfato que Buck supo esto.

Buck to nepoznal zvukem, zrakem ani čichem.

Un sentimiento más profundo le decía que nuevas fuerzas estaban en movimiento.

Hlubší smysl mu napovídal, že se hýbou nové síly.

Una vida extraña se agitaba en los bosques y a lo largo de los arroyos.

V lesích a podél potoků se vířil zvláštní život.

Decidió explorar este espíritu, después de que la caza se completara.

Rozhodl se, že po skončení lovu tohoto ducha prozkoumá.

Al cuarto día, Buck finalmente logró derribar al alce.

Čtvrtého dne Buck konečně losa ulovil.

Se quedó junto a la presa durante un día y una noche enteros, alimentándose y descansando.

Zůstal u kořisti celý den a noc, krmil se a odpočíval.

Comió, luego durmió, luego volvió a comer, hasta que estuvo fuerte y lleno.

Jedl, pak spal a pak zase jedl, dokud nebyl silný a sytý.

Cuando estuvo listo, regresó hacia el campamento y Thornton.

Když byl připraven, otočil se zpět k táboru a Thorntonu.

Con ritmo constante, inició el largo viaje de regreso a casa.

Stabilním tempem se vydal na dlouhou cestu domů.

Corría con su incansable galope, hora tras hora, sin desviarse jamás.

Běžel svým neúnavným klusem, hodinu za hodinou, a ani jednou se neodchýlil od cesty.

A través de tierras desconocidas, se movió recto como la aguja de una brújula.

Neznámými zeměmi se pohyboval přímo jako střelka kompasu.

Su sentido de la orientación hacía que el hombre y el mapa parecieran débiles en comparación.

Jeho smysl pro orientaci v porovnání s ním působil slabě, člověk i mapa.

A medida que Buck corría, sentía con más fuerza la agitación en la tierra salvaje.

Jak Buck běžel, cítil stále silněji pohyb v divočině.

Era un nuevo tipo de vida, diferente a la de los tranquilos meses de verano.

Byl to nový druh života, na rozdíl od života v klidných letních měsících.

Este sentimiento ya no llegaba como un mensaje sutil o distante.

Tento pocit už nepřicházel jako jemné nebo vzdálené poselství.

Ahora los pájaros hablaban de esta vida y las ardillas parloteaban sobre ella.

Nyní o tomto životě mluvili ptáci a veverky o něm štěbetaly.

Incluso la brisa susurraba advertencias a través de los árboles silenciosos.

Dokonce i vánek šeptal varování skrz tiché stromy.

Varias veces se detuvo y olió el aire fresco de la mañana.

Několikrát se zastavil a nasál čerstvý ranní vzduch.

Allí leyó un mensaje que le hizo avanzar más rápido.

Přečetl si tam zprávu, která ho přiměla rychleji vykročit vpřed.

Una fuerte sensación de peligro lo llenó, como si algo hubiera salido mal.

Naplnil ho těžký pocit nebezpečí, jako by se něco pokazilo.

Temía que se avecinara una calamidad, o que ya hubiera ocurrido.

Bál se, že se blíží – nebo už přišla – pohroma.

Cruzó la última cresta y entró en el valle de abajo.

Přešel poslední hřeben a vstoupil do údolí pod ním.

Se movió más lentamente, alerta y cauteloso con cada paso.

Pohyboval se pomaleji, s každým krokem ostražitě a opatrně.

A tres millas de distancia encontró un nuevo rastro que lo hizo ponerse rígido.

Po třech mílích narazil na novou stezku, která ho ztuhla.

El cabello de su cuello se onduló y se erizó en señal de alarma.

Vlasy na krku se mu zježily a zavlnily poplachem.

El sendero conducía directamente al campamento donde Thornton esperaba.

Stezka vedla přímo k táboru, kde čekal Thornton.

Buck se movió más rápido ahora, su paso era silencioso y rápido.

Buck se teď pohyboval rychleji, jeho kroky byly tiché a rychlé zároveň.

Sus nervios se tensaron al leer señales que otros no verían.

Nervy se mu napínaly, když četl náznaky, které ostatní přehlédnou.

Cada detalle del recorrido contaba una historia, excepto la pieza final.

Každý detail na stezce vyprávěl příběh – kromě posledního kousku.

Su nariz le contaba sobre la vida que había transcurrido por allí.

Jeho nos mu vyprávěl o životě, který tudy uplynul.

El olor le dio una imagen cambiante mientras lo seguía de cerca.

Vůně mu, jak ho těsně následoval, vykreslovala proměnlivý obraz.

Pero el bosque mismo había quedado en silencio; anormalmente quieto.

Ale les sám ztichl; byl nepřirozeně tichý.

Los pájaros habían desaparecido, las ardillas estaban escondidas, silenciosas y quietas.

Ptáci zmizeli, veverky se schovaly, tiché a nehybné.

Sólo vio una ardilla gris, tumbada sobre un árbol muerto.

Viděl jen jednu šedou veverku, ležící na mrtvém stromě.

La ardilla se mimetizó, rígida e inmóvil como una parte del bosque.

Veverka se vmísila do lesa, ztuhlá a nehybná.

Buck se movía como una sombra, silencioso y seguro entre los árboles.

Buck se pohyboval jako stín, tiše a jistě mezi stromy.

Su nariz se movió hacia un lado como si una mano invisible la tirara.

Jeho nos se trhl do strany, jako by ho tahala neviditelná ruka.

Se giró y siguió el nuevo olor hasta lo profundo de un matorral.

Otočil se a vydal se za novým pachem hluboko do houští.

Allí encontró a Nig, que yacía muerto, atravesado por una flecha.

Tam našel Niga, ležícího mrtvého, probodnutého šípem.

La flecha atravesó su cuerpo y aún se le veían las plumas.

Šíp prošel jeho tělem, peří bylo stále vidět.

Nig se arrastró hasta allí, pero murió antes de llegar para recibir ayuda.

Nig se tam dotáhl sám, ale zemřel dříve, než se dostal k pomoci.

Cien metros más adelante, Buck encontró otro perro de trineo.

O sto metrů dál Buck našel dalšího spřežení.

Era un perro que Thornton había comprado en Dawson City.

Byl to pes, kterého Thornton koupil v Dawson City.

El perro se encontraba en una lucha a muerte, agitándose con fuerza en el camino.

Pes se zmítal na smrt a tvrdě se třepal po stezce.

Buck pasó a su alrededor, sin detenerse, con los ojos fijos hacia adelante.

Buck ho obešel, nezastavoval se a upíral zrak před sebe.

Desde la dirección del campamento llegaba un canto distante y rítmico.

Z tábora se ozýval vzdálený, rytmický zpěv.

Las voces subían y bajaban en un tono extraño, inquietante y cantarín.

Hlasy se ozývaly podivným, tajemným, zpívajícím tónem.

Buck se arrastró hacia el borde del claro en silencio.

Buck se mlčky plazil vpřed k okraji mýtiny.

Allí vio a Hans tendido boca abajo, atravesado por muchas flechas.

Tam uviděl Hanse ležícího tváří dolů, probodnutého mnoha šípy.

Su cuerpo parecía el de un puercoespín, erizado de plumas.

Jeho tělo vypadalo jako dikobraz, poseté opeřenými šípy.

En ese mismo momento, Buck miró hacia la cabaña en ruinas.

Ve stejném okamžiku se Buck podíval směrem k rozbořené chatě.

La visión hizo que se le erizara el pelo de la nuca y de los hombros.

Z toho pohledu se mu zježily vlasy na krku a ramenou.

Una tormenta de furia salvaje recorrió todo el cuerpo de Buck.

Buckovým tělem se prohnala bouře divokého vzteku.

Gruñó en voz alta, aunque no sabía que lo había hecho.

Zavrčel nahlas, i když o tom nevěděl.

El sonido era crudo, lleno de furia aterradora y salvaje.

Zvuk byl syrový, plný děsivé, divoké zuřivosti.

Por última vez en su vida, Buck perdió la razón ante la emoción.

Buck naposledy v životě ztratil rozum.

Fue el amor por John Thornton lo que rompió su cuidadoso control.

Byla to láska k Johnu Thorntonovi, která zlomila jeho pečlivou sebeovládání.

Los Yeehats estaban bailando alrededor de la cabaña de abetos en ruinas.

Yeehatové tančili kolem zřícené smrkové chatrče.

Entonces se escuchó un rugido y una bestia desconocida cargó hacia ellos.

Pak se ozval řev – a neznámá bestie se k nim vrhla.

Era Buck; una furia en movimiento; una tormenta viviente de venganza.

Byl to Buck; zuřivost v pohybu; živoucí bouře pomsty.

Se arrojó en medio de ellos, loco por la necesidad de matar.

Vrhnul se mezi ně, šílený touhou zabíjet.

Saltó hacia el primer hombre, el jefe Yeehat, y acertó.

Skočil na prvního muže, náčelníka Yeehatů, a udeřil přímo do cíle.

Su garganta fue desgarrada y la sangre brotó a chorros.

Měl roztržené hrdlo a krev z něj stříkala proudem.

Buck no se detuvo, sino que desgarró la garganta del siguiente hombre de un salto.

Buck se nezastavil, ale jedním skokem roztrhl hrdlo dalšímu muži.

Era imparable: desgarraba, cortaba y nunca se detenía a descansar.

Byl nezastavitelný – trhal, sekal a nikdy se nezastavil k odpočinku.

Se lanzó y saltó tan rápido que sus flechas no pudieron tocarlo.

Vrhl se a skákal tak rychle, že se ho jejich šípy nemohly zasáhnout.

Los Yeehats estaban atrapados en su propio pánico y confusión.

Yeehati byli zachváceni vlastní panikou a zmatkem.

Sus flechas no alcanzaron a Buck y se alcanzaron entre sí.

Jejich šípy minuly Bucka a místo toho se zasáhly jeden
navzájem.

Un joven le lanzó una lanza a Buck y golpeó a otro hombre.

Jeden mladík hodil po Buckovi kopí a zasáhl jiného muže.

**La lanza le atravesó el pecho y la punta le atravesó la
espalda.**

Kopí mu probodlo hruď a hrot mu vyrazil záda.

**El terror se apoderó de los Yeehats y se retiraron por
completo.**

Yeehaty zachvátil strach a oni se dali na úplný ústup.

**Gritaron al Espíritu Maligno y huyeron hacia las sombras
del bosque.**

Křičeli na zlého ducha a uprchli do lesních stínů.

**En verdad, Buck era como un demonio mientras perseguía a
los Yeehats.**

Buck byl vskutku jako démon, když pronásledoval Yeehaty.

**Él los persiguió a través del bosque, derribándolos como si
fueran ciervos.**

Hnal se za nimi lesem a srážel je k zemi jako jeleny.

**Se convirtió en un día de destino y terror para los asustados
Yeehats.**

Pro vyděšené Yeehaty se to stal dnem osudu a hrůzy.

**Se dispersaron por toda la tierra, huyendo lejos en todas
direcciones.**

Rozprchli se po celé zemi a prchali všemi směry.

**Pasó una semana entera antes de que los últimos
supervivientes se reunieran en un valle.**

Uplynul celý týden, než se poslední přeživší setkali v údolí.

**Sólo entonces contaron sus pérdidas y hablaron de lo
sucedido.**

Teprve pak spočítali své ztráty a mluvili o tom, co se stalo.

**Buck, después de cansarse de la persecución, regresó al
campamento en ruinas.**

Buck se unavil honičkou a vrátil se do zničeného tábora.

**Encontró a Pete, todavía en sus mantas, muerto en el primer
ataque.**

Našel Peta, stále zabaleného v dekách, zabitého při prvním útoku.

Las señales de la última lucha de Thornton estaban marcadas en la tierra cercana.

V nedaleké hlíně byly patrné stopy Thorntonova posledního boje.

Buck siguió cada rastro, olfateando cada marca hasta un punto final.

Buck sledoval každou stopu a čichal ke každému znaménku až do konečného bodu.

En el borde de un estanque profundo, encontró al fiel Skeet, tumbado inmóvil.

Na okraji hluboké tůně našel věrného Skeeta, jak nehybně leží.

La cabeza y las patas delanteras de Skeet estaban en el agua, inmóviles por la muerte.

Skeetova hlava a přední tlapky byly ve vodě, nehybné jako smrt.

La piscina estaba fangosa y contaminada por el agua que salía de las compuertas.

Bazén byl kalný a znečištěný odtokem ze zdymadel.

Su superficie nublada ocultaba lo que había debajo, pero Buck sabía la verdad.

Jeho zakalený povrch skrýval, co leželo pod ním, ale Buck znal pravdu.

Siguió el rastro del olor de Thornton hasta la piscina, pero el olor no lo condujo a ningún otro lugar.

Sledoval Thorntonův pach do bazénu – ale pach nikam jinam nevedl.

No había ningún olor que indicara que salía, solo el silencio de las aguas profundas.

Nebyl z něj cítit žádný pach – jen ticho hluboké vody.

Buck permaneció todo el día cerca de la piscina, paseando de un lado a otro del campamento con tristeza.

Celý den Buck zůstal u jezírka a zarmouceně přecházel po táboře.

Vagaba inquieto o permanecía sentado en silencio, perdido en pesados pensamientos.

Neklidně se toulal nebo seděl v tichosti, pohroužený do těžkých myšlenek.

Él conocía la muerte; el fin de la vida; la desaparición de todo movimiento.

Znal smrt; konec života; mizení veškerého pohybu.

Comprendió que John Thornton se había ido y que nunca regresaría.

Chápal, že John Thornton je pryč a už se nikdy nevrátí.

La pérdida dejó en él un vacío que palpitaba como el hambre.

Ztráta v něm zanechala prázdnotu, která pulzovala jako hlad.

Pero ésta era un hambre que la comida no podía calmar, por mucho que comiera.

Ale tohle byl hlad, který jídlo nemohlo utišit, ať snědl sebevíc.

A veces, mientras miraba a los Yeehats muertos, el dolor se desvanecía.

Občas, když se podíval na mrtvé Yeehaty, bolest polevovala.

Y entonces un orgullo extraño surgió dentro de él, feroz y completo.

A pak se v něm zvedla podivná hrdost, prudká a nezdolná.

Había matado al hombre, la presa más alta y peligrosa de todas.

Zabil člověka, což byla ta nejvyšší a nejnebezpečnější zvěř ze všech.

Había matado desafiando la antigua ley del garrote y el colmillo.

Zabil v rozporu se starodávným zákonem kyje a tesáku.

Buck olió sus cuerpos sin vida, curioso y pensativo.

Buck zvědavě a zamyšleně čichal k jejich bezvládným tělům.

Habían muerto con tanta facilidad, mucho más fácil que un husky en una pelea.

Zemřeli tak snadno – mnohem snadněji než husky v boji.

Sin sus armas, no tenían verdadera fuerza ni representaban una amenaza.

Bez zbraní neměli žádnou skutečnou sílu ani hrozbu.

Buck nunca volvería a temerles, a menos que estuvieran armados.

Buck se jich už nikdy nebude bát, pokud nebudou ozbrojeni.

Sólo tenía cuidado cuando llevaban garrotes, lanzas o flechas.

Dával si pozor jen tehdy, když nosili kyje, oštěpy nebo šípy.

Cayó la noche y la luna llena se elevó por encima de las copas de los árboles.

Padla noc a úplněk vystoupil vysoko nad koruny stromů.

La pálida luz de la luna bañaba la tierra con un resplandor suave y fantasmal, como el del día.

Bledé světlo měsíce zalévalo zemi jemnou, přízračnou září jako ve dne.

A medida que la noche avanzaba, Buck seguía de luto junto al estanque silencioso.

Jak se noc prohlubovala, Buck stále truchlil u tichého jezírka.

Entonces se dio cuenta de que había un movimiento diferente en el bosque.

Pak si v lese uvědomil jiný ruch.

El movimiento no provenía de los Yeehats, sino de algo más antiguo y más profundo.

To rušení nevycházelo od Yeehatů, ale z něčeho staršího a hlubšího.

Se puso de pie, con las orejas levantadas y la nariz palpando la brisa con cuidado.

Vstal, zvedl uši a opatrně zkoušel nosem vítr.

Desde lejos llegó un grito débil y agudo que rompió el silencio.

Z dálky se ozvalo slabé, ostré vyštěknutí, které prořízlo ticho.

Luego, un coro de gritos similares siguió de cerca al primero.

Pak se těsně za prvním ozval sbor podobných výkřiků.

El sonido se acercaba cada vez más y se hacía más fuerte a cada momento que pasaba.

Zvuk se blížil a s každou chvíli sílil.

Buck conocía ese grito: venía de ese otro mundo en su memoria.

Buck tenhle výkřik znal – vycházel z onoho jiného světa v jeho paměti.

Caminó hasta el centro del espacio abierto y escuchó atentamente.

Došel doprostřed otevřeného prostoru a pozorně naslouchal.

El llamado resonó, múltiple y más poderoso que nunca.

Ozvalo se volání, mnohohlasné a silnější než kdy dřív.

Y ahora, más que nunca, Buck estaba listo para responder a su llamado.

A nyní, více než kdy jindy, byl Buck připraven odpovědět na své volání.

John Thornton había muerto y ya no tenía ningún vínculo con el hombre.

John Thornton byl mrtvý a nezůstalo v něm žádné pouto k člověku.

El hombre y todos sus derechos humanos habían desaparecido: él era libre por fin.

Člověk a všechny lidské nároky byly pryč – konečně byl svobodný.

La manada de lobos estaba persiguiendo carne como lo hicieron alguna vez los Yeehats.

Vlčí smečka se honila za masem, stejně jako kdysi Yeehatové.

Habían seguido a los alces desde las tierras boscosas.

Sledovali losy dolů z zalesněných oblastí.

Ahora, salvajes y hambrientos de presa, cruzaron hacia su valle.

Nyní, divocí a hladoví po kořisti, přešli do jeho údolí.

Llegaron al claro iluminado por la luna, fluyendo como agua plateada.

Vběhli na měsíční mýtinu, tekoucí jako stříbrná voda.

Buck permaneció quieto en el centro, inmóvil y esperándolos.

Buck stál nehybně uprostřed, nehybně a čekal na ně.

Su tranquila y gran presencia dejó a la manada en un breve silencio.

Jeho klidná, mohutná přítomnost ohromila smečku a na chvíli umlčela.

Entonces el lobo más atrevido saltó hacia él sin dudarlo.

Pak se na něj bez váhání vrhl přímo ten nejodvážnější vlk.

Buck atacó rápidamente y rompió el cuello del lobo de un solo golpe.

Buck udeřil rychle a jedinou ranou zlomil vlkovi vaz.

Se quedó inmóvil nuevamente mientras el lobo moribundo se retorcía detrás de él.

Znovu stál bez hnutí, zatímco se za ním umírající vlk kroutil.

Tres lobos más atacaron rápidamente, uno tras otro.

Další tři vlci rychle zaútočili, jeden po druhém.

Todos retrocedieron sangrando, con la garganta o los hombros destrozados.

Každý ustoupil a krvácel, měli podřezané hrdlo nebo ramena.

Eso fue suficiente para que toda la manada se lanzara y una carga salvaje.

To stačilo k tomu, aby se celá smečka rozpoutala k divokému útoku.

Se precipitaron juntos, demasiado ansiosos y apiñados para golpear bien.

Vběhli dovnitř společně, příliš dychtiví a natlačení na to, aby dobře zasáhli.

La velocidad y habilidad de Buck le permitieron mantenerse por delante del ataque.

Buckova rychlost a dovednosti mu umožnily udržet si náskok před útokem.

Giró sobre sus patas traseras, chasqueando y golpeando en todas direcciones.

Otočil se na zadních nohách, švihal a švihal všemi směry.

Para los lobos, esto parecía como si su defensa nunca se abriera ni flaqueara.

Vlkům se zdálo, že jeho obrana se nikdy neotevřela ani nezakolísala.

Se giró y atacó tan rápido que no pudieron alcanzarlo.

Otočil se a sekl tak rychle, že se k němu nemohli dostat.

Sin embargo, su número le obligó a ceder terreno y retroceder.

Jejich počet ho nicméně donutil ustoupit a ustoupit.

Pasó junto a la piscina y bajó al lecho rocoso del arroyo.

Prošel kolem tůně a sestoupil do kamenitého koryta potoka.

Allí se topó con un empinado banco de grava y tierra.

Tam narazil na strmý břeh ze štěrku a hlíny.

Se metió en un rincón cortado durante la antigua excavación de los mineros.

Během starého kopání horníků se na hraně dostal do rohového výkopu.

Ahora, protegido por tres lados, Buck se enfrentaba únicamente al lobo frontal.

Nyní, chráněný ze tří stran, čelil Buck pouze přednímu vlkovi.

Allí se mantuvo a raya, listo para la siguiente ola de asalto.

Tam stál v šachu, připravený na další vlnu útoku.

Buck se mantuvo firme con tanta fiereza que los lobos retrocedieron.

Buck se tak zuřivě držel svého místa, že vlci ustoupili.

Después de media hora, estaban agotados y visiblemente derrotados.

Po půl hodině byli vyčerpaní a viditelně poraženi.

Sus lenguas colgaban y sus colmillos blancos brillaban a la luz de la luna.

Jejich jazyky visely a jejich bílé tesáky se leskly v měsíčním světle.

Algunos lobos se tumbaron, con la cabeza levantada y las orejas apuntando hacia Buck.

Někteří vlci si lehli se zvednutými hlavami a nastraženými ušima směrem k Buckovi.

Otros permanecieron inmóviles, alertas y observando cada uno de sus movimientos.

Ostatní stáli nehybně, ostražitě a sledovali každý jeho pohyb.

Algunos se acercaron a la piscina y bebieron agua fría.

Pár lidí se zatoulalo k bazénu a napilo se studené vody.

Entonces un lobo gris, largo y delgado, se acercó sigilosamente.

Pak se jeden dlouhý, hubený šedý vlk tiše připlížil vpřed.

Buck lo reconoció: era el hermano salvaje de antes.

Buck ho poznal – byl to ten divoký bratr z dřívějška.

El lobo gris gimió suavemente y Buck respondió con un gemido.

Šedý vlk tiše zakňučel a Buck mu odpověděl kňučením.
Se tocaron las narices, en silencio y sin amenaza ni miedo.
Dotkli se nosy, tiše a bez hrozby či strachu.
Luego vino un lobo más viejo, demacrado y lleno de cicatrices por muchas batallas.
Další přišel starší vlk, vyhublý a zjizvený z mnoha bitev.
Buck empezó a gruñir, pero se detuvo y olió la nariz del viejo lobo.
Buck začal vrčet, ale pak se zarazil a očichal starému vlkovi k čumáku.
El viejo se sentó, levantó la nariz y aulló a la luna.
Stařík se posadil, zvedl nos a zavýjel na měsíc.
El resto de la manada se sentó y se unió al largo aullido.
Zbytek smečky se posadil a připojil se k dlouhému vytí.
Y ahora el llamado llegó a Buck, inconfundible y fuerte.
A teď k Buckovi dolehlo volání, nezaměnitelné a silné.
Se sentó, levantó la cabeza y aulló con los demás.
Posadil se, zvedl hlavu a zavýl s ostatními.
Cuando terminaron los aullidos, Buck salió de su refugio rocoso.
Když vytí ustalo, Buck vyšel ze svého skalnatého úkrytu.
La manada se cerró a su alrededor, olfateando con amabilidad y cautela.
Smečka se kolem něj sevřela a laskavě i ostražitě čichala.
Entonces los líderes dieron un grito y salieron corriendo hacia el bosque.
Pak vůdci vyštěkli a rozběhli se do lesa.
Los demás lobos los siguieron, aullando a coro, salvajes y rápidos en la noche.
Ostatní vlci je následovali a štěkali ve sboru, divoce a rychle v noci.
Buck corrió con ellos, al lado de su hermano salvaje, aullando mientras corría.
Buck běžel s nimi vedle svého divokého bratra a při běhu vyl.

Aquí la historia de Buck llega bien a su fin.
Zde se Buckův příběh dobře uzavírá.

En los años siguientes, los Yeehat notaron lobos extraños.

V následujících letech si Yeehati všimli podivných vlků.

Algunos tenían la cabeza y el hocico de color marrón y el pecho de color blanco.

Někteří měli na hlavě a čenichu hnědou barvu a na hrudi bílou.

Pero aún más temían una figura fantasmal entre los lobos.

Ale ještě víc se báli přízračné postavy mezi vlky.

Hablaban en susurros del Perro Fantasma, líder de la manada.

Šeptem mluvili o Duchovém psu, vůdci smečky.

Este perro fantasma tenía más astucia que el cazador Yeehat más audaz.

Tento Duchový pes byl mazanější než nejodvážnější lovec Yeehatů.

El perro fantasma robó de los campamentos en pleno invierno y destrozó sus trampas.

Duchový pes kradl z táborů v hluboké zimě a roztrhal jim pasti.

El perro fantasma mató a sus perros y escapó de sus flechas sin dejar rastro.

Duch psa zabil jejich psy a beze stopy unikl jejich šípům.

Incluso sus guerreros más valientes temían enfrentarse a este espíritu salvaje.

I jejich nejstatečnější válečníci se báli čelit tomuto divokému duchu.

No, la historia se vuelve aún más oscura a medida que pasan los años en la naturaleza.

Ne, příběh se s plynoucími lety v divočině stává stále temnějším.

Algunos cazadores desaparecen y nunca regresan a sus campamentos distantes.

Někteří lovci zmizí a už se nikdy nevrátí do svých vzdálených táborů.

Otros aparecen con la garganta abierta, muertos en la nieve.

Jiní jsou nalezeni s roztrhaným hrdlem, zabiti ve sněhu.

Alrededor de sus cuerpos hay huellas más grandes que las que cualquier lobo podría dejar.

Kolem jejich těl jsou stopy – větší, než by je dokázal udělat jakýkoli vlk.

Cada otoño, los Yeehats siguen el rastro del alce.

Každý podzim sledují Yeehati stopu losa.

Pero evitan un valle con el miedo grabado en lo profundo de sus corazones.

Ale jednomu údolí se vyhýbají se strachem vrytým hluboko do srdcí.

Dicen que el valle fue elegido por el Espíritu Maligno para vivir.

Říká se, že údolí si za svůj domov vybral zlý duch.

Y cuando se cuenta la historia, algunas mujeres lloran junto al fuego.

A když se ten příběh vypráví, některé ženy pláčou u ohně.

Pero en verano, un visitante llega a ese tranquilo valle sagrado.

Ale v létě do onoho tichého, posvátného údolí přijde jeden návštěvník.

Los Yeehats no saben de él, ni tampoco pueden entenderlo.

Yeehati o něm neznají, ani by mu nemohli porozumět.

El lobo es grande, revestido de gloria, como ningún otro de su especie.

Vlk je skvělý, ostříhaný slávou, jako žádný jiný svého druhu.

Él solo cruza el bosque verde y entra en el claro.

Sám přechází přes zelený les a vstupuje na lesní mýtinu.

Allí, el polvo dorado de los sacos de piel de alce se filtra en el suelo.

Tam se do půdy vsakuje zlatavý prach z pytlů z losí kůže.

La hierba y las hojas viejas han ocultado el amarillo al sol.

Tráva a staré listí skryly žlutou barvu před sluncem.

Aquí, el lobo permanece en silencio, pensando y recordando.

Zde vlk mlčky stojí, přemýšlí a vzpomíná.

Aúlla una vez, largo y triste, antes de darse la vuelta para irse.

Zavyje jednou – dlouze a truchlivě – než se otočí k odchodu.

Pero no siempre está solo en la tierra del frío y la nieve.

Přesto není v zemi chladu a sněhu vždycky sám.

Cuando las largas noches de invierno descienden sobre los valles inferiores.

Když se na dolní údolí snesou dlouhé zimní noci.

Cuando los lobos persiguen a la presa a través de la luz de la luna y las heladas.

Když vlci pronásledují zvěř za měsíčního svitu a mrazu.

Luego corre a la cabeza del grupo, saltando alto y salvajemente.

Pak běží v čele smečky, skáče vysoko a divoce.

Su figura se eleva sobre las demás y su garganta está llena de canciones.

Jeho postava se tyčí nad ostatními, v hrdle mu zní zpěv.

Es la canción del mundo más joven, la voz de la manada.

Je to píseň mladšího světa, hlas smečky.

Canta mientras corre: fuerte, libre y eternamente salvaje.

Zpívá si, když běží – silný, svobodný a navždy divoký.